U0692184

新基建
信息技术安全
与应用治理

刘 露 杨晓雷◎编著

New Infrastructure Information Technology
Security and Application Governance

人 民 邮 电 出 版 社
北 京

图书在版编目（ＣＩＰ）数据

新基建信息技术安全与应用治理 / 刘露，杨晓雷编
著. -- 北京 ：人民邮电出版社，2023.3
ISBN 978-7-115-60386-9

Ⅰ．①新… Ⅱ．①刘… ②杨… Ⅲ．①信息技术－应
用－基础设施建设－研究－中国 Ⅳ．①F299.24-39

中国版本图书馆CIP数据核字(2022)第208246号

内 容 提 要

　　本书系统地介绍了新基建在推动社会发展泛在互联和融合中的作用，涵盖以 5G、大数据、
云计算、物联网、区块链、人工智能技术为代表的新基建信息基础设施技术及典型产业链与新基
建融合应用中的信息技术和安全需求，多维度分析了新基建信息技术的治理现状，提出了新基建
时代信息安全的多元治理模式和治理框架。本书观点新颖，对新基建信息技术的安全和应用治理
的发展具有重要的指导意义。

　　本书的读者对象主要是政府、高校和科研机构中从事信息技术政策制定、技术研究和规制治
理研究的相关人员，也可作为信息技术、人工智能与法律、社会伦理交叉学科的教学参考书。

* ◆ 编　著　刘　露　杨晓雷
 　　责任编辑　邢建春
 　　责任印制　马振武
* ◆ 人民邮电出版社出版发行　　北京市丰台区成寿寺路 11 号
 　　邮编　100164　电子邮件　315@ptpress.com.cn
 　　网址　https://www.ptpress.com.cn
 　　涿州市京南印刷厂印刷
* ◆ 开本：700×1000　1/16
 　　印张：12.75　　　　　　　　　　2023 年 3 月第 1 版
 　　字数：250 千字　　　　　　　　2023 年 3 月河北第 1 次印刷

定价：118.80 元

读者服务热线：（010）81055493　印装质量热线：（010）81055316
反盗版热线：（010）81055315
广告经营许可证：京东市监广登字 20170147 号

前　言

　　新型基础设施建设通过技术驱动数据，将产业作为技术赋能的对象，在经济社会发展中发挥了巨大的作用。信息安全是新基建发展的重要前提，数据是新基建发展的"土壤"，共性基础设施建设促进了产业间数据的密切交互，也带来了海量化、耦合化的数据形态，信息技术的发展使信息安全变得更为重要和复杂，传统的数据规制方式已无法满足新基建数据动态发展的需要。这就需要站在数据全生命周期的角度，以数据价值为导向、产业应用场景为抓手，构建数据治理体系和框架。技术是人与人之间深层次关系的体现，信息技术高速发展的同时以技术负载伦理的方式对社会产生了广泛而深远的文化层面的影响，对人工智能技术研发和应用的社会治理研究越来越重要。

　　本书共 5 章。第 1 章介绍了新基建的概念形成、新基建释放的数字经济发展潜力及新基建推动社会发展泛在互联和融合的作用；阐述了我国信息安全面临的风险、监管现状和监管趋势，提出信息安全逐步向强监管方向发展。第 2 章详细介绍了以 5G、大数据、云计算、物联网、区块链、人工智能为代表的新基建信息基础设施技术，以及如何赋能新基建。第 3 章从数据安全、算法安全、网络安全和互联网平台安全的多个维度分析了新基建信息技术安全需求、相关技术和治理现状。第 4 章以智慧城市、工业互联网与智能制造、金融数字化为例介绍了产业链与新基建融合应用中的信息安全。第 5 章提出了新基建时代信息安全多元治理模式的人工智能弹性治理框架。

本书得到了北京大学法律人工智能实验室、北京大学人工智能研究院人工智能治理研究中心的大力支持，部分内容还得到了中国工程院咨询项目"国家工程科技伦理治理体系""我国工程科技伦理若干问题及应对战略研究"和中共中央网络安全和信息化委员会办公室政策法规局重点项目"人工智能法律规制立法支撑服务"的支持。北京大学法律人工智能实验室/人工智能治理研究中心致力于跨计算机、法律与伦理的相关学科合作，对人工智能技术研发和应用的社会治理进行研究，旨在确保人类在安全、发展、公平和正义的前提下研究、开发和部署智能技术，保障人工智能领域健康发展；同时关注人工智能技术在法律和伦理上的应用，研发法律人工智能技术，形成可推广的法律人工智能产品，助力社会服务，有力推进新时代科技强国建设重大战略实施。

全书主要由刘露编写和统稿，北京大学人工智能研究院杨晓雷副院长参与了部分章节的编写，北京大学法律人工智能实验室/人工智能治理研究中心的姜聪、赵婧为本书的编写提供了许多帮助，在此特别感谢。信息技术日新月异，带来的社会治理需求和模式不断变化，本书旨在对现有技术应用中出现的安全风险和治理模式进行梳理和思考，一得之见，引玉之砖。

本书在编写的过程中参考了国内外诸多专家学者的研究成果，在此一并致谢。由于时间仓促和作者水平有限，书中疏漏和不妥之处在所难免，还望读者批评指正！

作者

2022 年 6 月 4 日

目　录

第1章
信息安全是新基建发展的重要前提

1.1 新基建引领社会融合创新

1.1.1 新基建的概念形成

2020 年 3 月 4 日，中共中央政治局常务委员会召开会议，指出要加快推进国家规划已明确的重大工程和基础设施建设，其中要加快 5G（5th Generation Mobile Communication Technology）网络、数据中心等新型基础设施建设进度[①]。新基建的提出释放出了基础设施数字化、智能化发展的产业信号，标志着信息互联网向更深层次的产业互联网和价值互联网转型。新基建投资则奠定了数字经济、智能经济、生命经济这些人类未来文明的发展基础，不仅本身形成了规模庞大的数字经济产业，还颠覆性地将传统产业数字化，从而产生了不可估量的叠加效应、乘数效应。

[①] 参见《中共中央政治局常务委员会召开会议 中共中央总书记习近平主持会议》，载《人民日报》，2020 年 3 月 5 日，第 1 版。

与传统基建相比，新基建实质上是在人流和物流的基础上增加了数字流，主要服务于数据的传输、聚合、分析和处理，可以概括为数字新基建。未来的愿景是人与人、人与物、物与物不接触就可以实现各类生产和生活需求，数字新基建下安全风险的呈现、属性及治理亦有可能随之改变。近年来，犯罪形态的结构性发生变化，暴力犯罪、财产犯罪等接触性犯罪行为逐步减少，以互联网、电信等为媒介的非接触性犯罪行为逐步增多。基建迭代对知识生产提出了新要求，传统基建下以人流、物流为中心的安全风险治理研究的底层逻辑假设难以适用。公共管理学科应以构建数字新基建下的安全风险治理体系为重要使命，以提升数字新基建下的安全风险治理能力现代化为目标，围绕安全风险的识别研判与治理理念、体制机制、手段工具和话语体系等开展研究，以满足基建迭代下的安全新需求。

数字基建是新基建的核心。《中华人民共和国国民经济和社会发展第十四个五年规划和 2035 年远景目标纲要》（以下简称《"十四五"规划和 2035 年目标纲要》）提出，加快建设新型基础设施，建设高速泛在、天地一体、集成互联、安全高效的信息基础设施②。信息基础设施主要指基于新一代信息技术演化生成的基础设施，如以 5G、工业互联网、物联网、卫星互联网为代表的通信网络基础设施，以人工智能、云计算、区块链等为代表的新技术基础设施，以数据中心、智能计算中心为代表的算力基础设施等。融合基础设施则是指深度应用互联网、大数据、人工智能等技术，支撑传统基础设施转型升级，进而形成的基础设施，如智能交通基础设施、智慧能源基础设施等。创新基础设施主要是指支撑科学研究、技术开发、产品研制的具有公益属性的基础设施，如重大科技基础设施、科教基础设施、产业技术创新基础设施等，如图 1.1 所示。

全球数据总量激增。据 Statista 的统计，2020 年全球大数据储量超过 47 ZB，预计 2025 年将增至 163 ZB。根据国际数据公司 IDC 的数据，2020—2024 年全

---

② 参见《中华人民共和国国民经济和社会发展第十四个五年规划和 2035 年远景目标纲要》，载中国政府网。

球大数据市场规模在 5 年内约实现 10.4% 的复合增长率，预计 2024 年全球大数据市场规模约为 2983 亿美元，据此测算，到 2026 年全球大数据市场规模将超过 3600 亿美元，如图 1.2 所示。

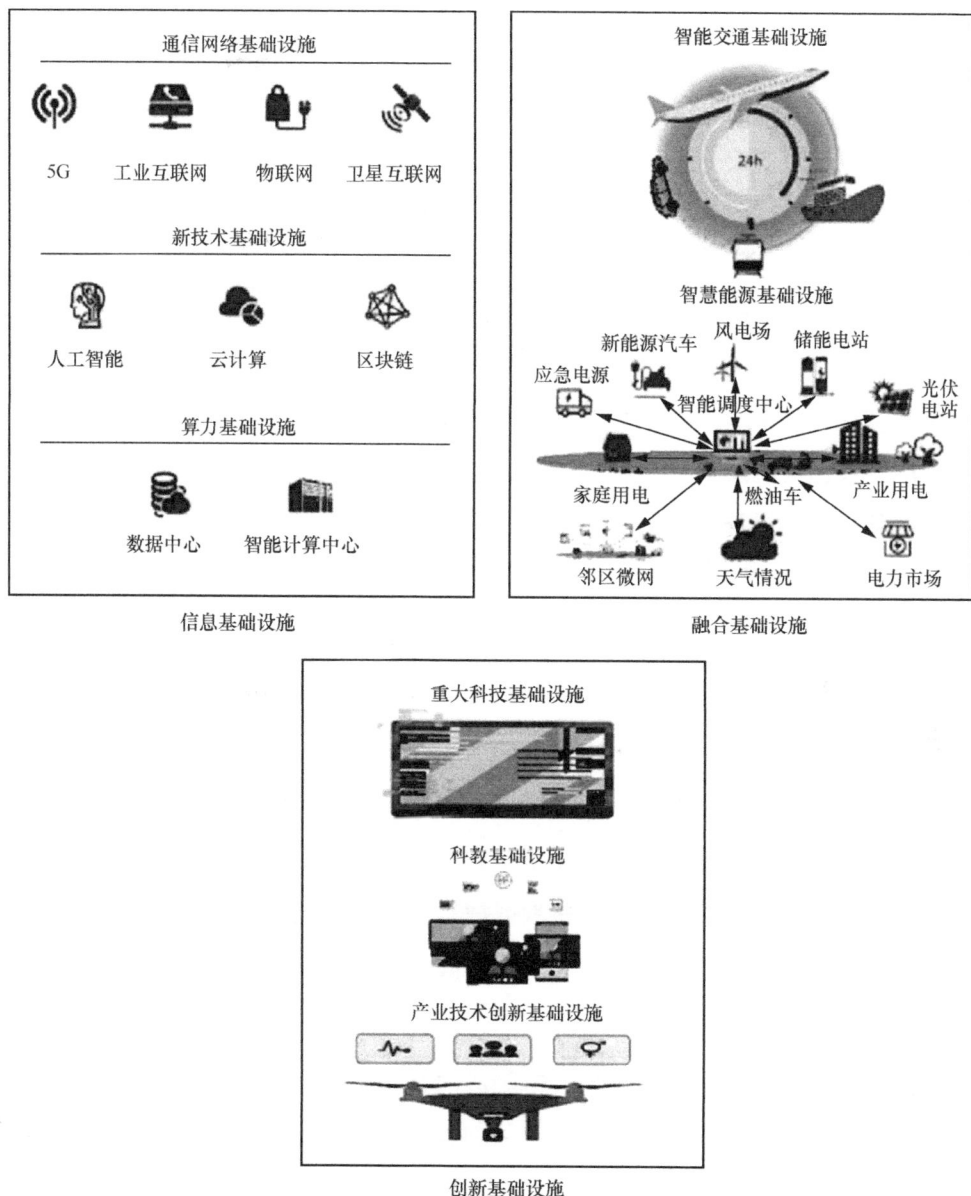

图 1.1　新基建范畴

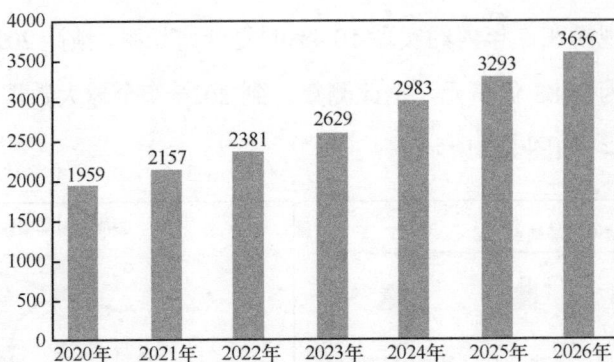

图 1.2　2020—2026 年全球大数据市场规模及预测（单位：亿美元）

某种意义上，数据已然成为影响经济发展的重要生产要素。在海量数据与相应数字技术加持下，产业数字化应用潜能逐渐释放，人类步入数字经济时代。新型基础设施的数字化建设将产业作为赋能的对象，通过数字化和智能化改造，促进产业数据驱动发展。

信息化基础设施建设的各部分工作并不是相互割裂的，而是环环紧扣的。5G 作为数据传输的基础设施建设，承担新型云化业务应用平台的部署及新业务与各种垂直行业应用的协同；大数据中心设施是数据存储和计算的基本载体，是数据建设进行大型化、规模化发展的重要基础配套设施；人工智能技术是数据加工的成果化体现，信息技术发展的核心，涵盖智能计算、智能感知、智能交互的多重应用；工业互联网是多重信息技术和基础设施在工业界的大规模应用呈现，工业互联网平台是国家竞争实力的重要体现。新基建五大类信息技术贯穿了从数据采集到数据传输、数据处理及数据应用的整个信息流动的数据生命周期。新型信息化技术对数据的加工串联，为数据的集中处理和进一步应用开辟出一条便捷的通路。

对正处于经济新旧动能转换关键阶段的我国而言，数字经济的蓬勃发展在提升经济社会发展效率、质量、动力的同时，为政府、企业升级治理模式带来全新思路。经过近年来的快速发展，我国已成为全球领先的数字经济大国。应对经济发展模式的转型，我国原有基础设施难以匹配社会发展需要，建设新型基础设施的呼声高涨。在此背景下，加快数字经济基础设施建设进程，大力引导数字产业化与产业数字化，已成为新时代下经济增长的有力推手。

《"十四五"规划和 2035 年目标纲要》将"加快数字化发展 建设数字中国"单独成篇，并首次对数字经济核心产业增加值占 GDP 比重这一新经济指标提出了要求，明确要求我国数字经济核心产业增加值占 GDP 比重由 2020 年的 7.8% 提升至 10%。在数字基建浪潮的推动下，从消费领域到实体经济都将面临一次巨大的技术变革，各行业由过去被动、条块状的数据平台建设模式，升级为主动与业务结合、共同进化的有机体系化框架。

1.1.2 新基建释放数字经济发展潜力

新基建是数字化转型的推动力，是数字经济的发展底座，是"数字中国"的立足之基。数字经济已成为我国经济增长的关键支柱。《G20 数字经济发展与合作倡议》中，数字经济被定义为一种范围广泛的经济活动，其特点是关注生产要素、强调效率增长[③]。

1. 新基建与生产

就培育新业态而言，相较于传统基础设施建设，新基建融入了更多信息技术，由此衍生出了更多高科技、低耗能的新型生产环节与技术活动，推动了商品及服务的高质量供给。例如，在 5G、大数据中心等新基建的辅助下，实体经济向数字化、智慧化方向转变，发展出智能汽车、智能控制、云商务平台等新型市场，促进生产制造、装载运输、销售服务等传统产业环节创新发展。就推动数字化生产方式而言，国家投入了大量精力进行新基建，一方面，可通过数字科技对关键核心技术进行攻关突破，对外可纾解由于国外技术管制所带来的风险，对内可自上而下带动产业链转型升级；另一方面，借助数字技术，传统产业可乘势而起，实现产业数字化转型，创造新的内生增长点。由此，借助于

---

③ 参见《G20 杭州峰会通过〈G20 数字经济发展与合作倡议〉为世界经济创新发展注入新动力》，载中华人民共和国国家互联网信息办公室官网。

新基建，我国有望培育出具备规模生产力、创新力、精细化三重优势的数字化生产方式。在数字化生产背景下，国内科创企业将有机会获得低成本、高效率的量产能力，科技创新成果得以迅速转化，从而实现创新成果及经济效益的裂变增长。在数字生产方式下，企业可针对市场供给需求的变化对产品生产进行灵活、精确的动态调整。就企业生产方式而言，数字化背景下，为更好应对市场环境、满足顾客对品质与个性化商品需求，企业借助数字技术建立价值创造网络，对不同环节资源实施虚拟组合、调整，完成高效交流与资源有效运用，进而为上下游链端企业提供服务。并且，在新型开放式价值创造网络中，各企业之间不再是传统单一的线性关系，而更多地呈现为多重组织拓扑网络结构。

数字产业融合使不同产业或同行业的不同企业在独立发展模式基础上，相互交织、融合为一体，并形成新型业态灵活发展流程。随着数字技术迭代升级，物流服务产业、信息服务产业与金融服务产业的黏合度日渐强化。而在数字贸易过程中，随着产业链日渐分解与市场持续细分，技术与业务创新等多重因素促使全球产业链深度融合和重构，形成新型价值创造通道。这一现象典型表现为制造业与服务业融合。其一，数字产业与制造产业深度融合。在数字贸易驱动制造业与生产服务业融合环节，数字产业作为知识密集型服务行业，对传统制造业更具渗透和改造作用，可推进全球价值链升级。一方面，数字产业与传统制造业深度融合，促使制造产业价值链中不同环节资源利用范围持续扩大，真正达到资源高效运用效果。这种产业融合不仅可提高制造业的服务能力，还可提升传统产业融合于全球价值链的附加值。另一方面，数字产业与制造业深度融合过程中，企业可按照价值链中不同环节特征，针对性地提供完整的协作服务，实现合作价值创造。在数字产业融入制造业之后，消费者可借助数字技术及时完成信息反馈，促使制造企业在研发设计商品时更具导向性，使得个性化定制成为现实，提升全球价值链的服务价值。其二，制造产业与服务产业深度融合。在数字贸易驱动效应下，国际制造产业与服务产业借助整个价值链实现有效对接，推动各制造工艺与服务环节贯穿于整个价值链，利于国际价值链共创格局形成。特别是在西方工业 4.0 浪潮下，数字化贸易助推新型服务业有机融合于全球制造业，尤其是新兴制造业，其渗入性更强。

2. 新基建与消费

新基建拓展消费产品传播渠道，对数字经济的影响主要表现在激活线上消费需求及推动消费中心下沉。新基建催生了互联网拓展的多元化消费方式——平台依靠虚拟现实技术为消费者提供体验化消费产品，依靠大数据精准推送商品，此外，知识服务深化的科学消费模式、物联网支撑的可追踪消费渠道出现，技术不仅带来文化产品和服务形式的创新，还带来了文化消费观念和消费方式的潜在变化。新技术还改变并重新配置了生产关系，促使新的消费模式不断涌现，如电商平台消费、从线上到线下（Online To Offline，O2O）一体化消费、垂直传播消费、知识产权（Intellectual Property，IP）及衍生品消费、网络直播消费等新兴消费形式。

在互联网时代，人类的生产生活方式发生了重大变革。从产业链供给端、生产端、需求端、云端展开，新基建推动文化产业形成一条从创新理念深度融入、创意素材云端供给、文化内容众包生产到文化产品数字消费的完整链条，这是数据 3.0 时代文化与数字技术深度融合的产物。一方面，新基建加大了数字技术对文化资源进行数字化转化、利用的力度，如对文化资源进行数字化采集、大数据挖掘、可视化展示、知识化管理，提供智能化服务，实现创新性发展，有效促进了中华优秀传统文化的数字化保存、智能化传播、保护性开发与消费等。另一方面，新基建促进了文化产品优质供给、文化新业态创新培育、文化消费多元场景构建，提升了文化产品附加值，拓展文化产业发展的新领域，促进文化产业链现代化升级和商业模式创新，驱动我国文化产业向全球价值链高端跃升，推动文化产业迈向高质量发展阶段。

数字阅读是一种典型的数字经济消费活动。4G 时代，移动互联网的兴起、以智能手机为代表的移动终端的普及，使受众养成了数字阅读的习惯，这为数字阅读的发展奠定了良好的基础。5G 时代的到来，将进一步加速 VR/AR、全息投影、人工智能等技术在数字阅读领域的应用，加速移动互联网向移动物联网转变，不断挖掘数字阅读领域中新的应用场景，推动数字阅读成为数字经济领域中最具发展潜能的产业之一。

在 2020 年中国数字阅读云上大会上，中国音像与数字出版协会发布了《2019 年度中国数字阅读白皮书》。白皮书显示，截至 2019 年，我国数字阅读用户规模已达 4.7 亿，同比增长 8.8%；我国数字阅读整体市场规模已达 288.8 亿元，同比增长 13.5%，其中大众阅读市场规模占比超过 95%，是产业发展的主导力量。数字阅读产业的发展得益于"数字中国"战略部署、文化教育消费升级、移动通信技术发展以及个人智能终端普及。其中，通信技术的迭代是数字阅读产业发展的直接推手。数字阅读在 4G 时代所取得的成就主要得益于智能手机规模庞大的用户市场，智能手机与移动互联网应用程序（Application，App)"软硬结合"的模式，给阅读者和阅读行为创造了最大的"媒介接触可能"。智能手机虽然市场规模庞大，却仅仅属于个人电子消费品的一种，其应用场景相对单一，在一定限度上制约了阅读行为对应的场景和时空。相比 4G 时代主要的终端——智能手机，5G 终端设备的多元化、多样性和场景化特征极其突出，打破了手机终端对于大众阅读行为的限制，进一步使数字阅读的时间、空间得到极大限度的改变。未来，各种各样的 5G 终端设备将与汽车、铁路、航空、校园、医院、社区等场所深度融合，与人民群众社会生活的方方面面发生联系，为全民数字阅读渗透进各种应用场景和垂直领域提供重要的硬件基础和媒介载体，开辟出全民数字阅读的新市场、新机遇与新方向。

得益于线上消费平台的快速发展，人们享受到"足不出户，购遍世界"的新型购物方式。新基建为文化资源传播提供了智能媒体技术基础与平台支撑，有助于提升数字产品的创意性、利用度、知名度与影响力。以 5G、物联网、人工智能等数字技术为支撑，构建智能传播全媒体平台，建立具有真实感的实时交互的体验场景，打破文化传播的地理边界和传输瓶颈，可以更好地实现文化资源的在线化传播、可视化共享，为受众提供精准化服务，实现互动化反馈。

大力推进新兴移动通信网络建设，不仅能够激活在线文化娱乐活动以及网络购物等线上消费需求，还能开展"线上+线下"的新零售业态，使消费重心进一步下沉，充分开拓中国三线、四线城市的消费市场。麦肯锡发布的《2019 年中国数字消费者趋势报告》研究表明，中国三线、四线城市消费者的网购比例与一线城市消费者持平，部分高端奢侈品牌有机会补齐其在三线、四线城市布局不足的短板。仅就这一角度而言，新基建的打造无疑会让数字经济惠及更多人群。

3．新基建与市场建设

同传统经济相比，数字经济"社会性"特征更加显著。第一，交互性大幅增强，消费者与厂家、消费者与平台乃至消费者之间的互动更加频繁。第二，更具复杂性，如主体更加多元、产权相对模糊。伴随着平台经济、共享经济乃至社会经济等商业模式的不断涌现，平台搜索匹配功能大幅增强。这种"社会性"对数据要素的市场化配置、数据安全保护以及数据资源整合提出了更高要求。在数据要素的市场化配置方面，新基建重视"城市群"建设力度，追求以适当力度在人口密集城区进行超前基础设施建设，在源头上实现数据要素的高质量市场分配。在数据安全保护方面，新基建离不开大数据、区块链等关键技术，对这些技术的深度应用有助于提高数据安全保护能力。以区块链技术为例，其共识机制和加密算法可在保证数据真实性的同时，显著提升数据安全性。在数据资源整合方面，新基建强调以数据为中心，在科技创新的全面驱动下推进数字信息网络建设，其主推的大数据中心和云计算中心等算力基础设施为数字经济海量数据的收集和分析提供了基础支撑。

新基建立足打造优势市场，构建产业发展新格局。一方面，立足新发展阶段、贯彻新发展理念、构建新发展格局，围绕国内优势产业链部署创新链，围绕创新链布局产业链，围绕重点产业链、龙头企业和重大投资项目，合理引导面向国内大循环为主体的产业转移、壮大和优化，打通国际贸易壁垒，促进国内产业上下游、产供销、大中小企业协同发展；另一方面，利用新基建能进一步巩固本地产业发展优势，强化优势产业领先地位，布局面向国内国际双循环的战略性新兴产业，极大地提升产业现代化和国际化水平。此外，借助新基建的契机打造优势产业集聚平台，合理引导、协调、推动区域和产业集群优化发展，能够解决产业发展不均衡问题，推进创新资源向下游企业集聚，优化供需链；利用新基建打造产业、技术和信息公共服务平台，可以促进数字文化企业供需对接、信息互通和共同进步，增强数字产业实力。最后，把握住信息技术更迭换代快、市场瞬息万变的特点，通过强化企业和院校对人才的引进、培养和服务，提升人才的新基建应用能力、专业人才的经营管理能力，从而促进大数据挖掘、数字化采集与云计算存储的精准化传播与产业化转化。

4. 新基建与数字贸易

《"十四五"规划和2035年目标纲要》中，国务院提出转变我国在全球产业链、价值链处于下游的局面，进一步推进产业链发展向上游迈进，最终实现全方位重构全球价值链。数字贸易作为转变全球价值链分工、重构全球化格局的路径之一，能够不断夯实各国竞合关系，逐渐成为大国博弈新前沿，也是各国争夺先进数字技术、增强国际市场地位的"新赛道"。伴随着数字贸易在各国有效开展，商品生产、贸易流通等环节进入独立状态。发达国家利用以数字贸易为依托的全球价值链，通过发挥自身数字化技术作用，打造更多数字商品以及相关服务，凸显商品价值创造更多效能。发展中国家也可通过全面调控商品生产流程与数字化应用技术，使国家间商品流通价值进一步凸显，实现价值链增值。值得关注的是，我国作为新兴经济体，正在紧紧抓住数字贸易发展契机，将数字技术应用于商品生产与周转活动，使数字贸易规模不断扩大，日渐占据全球价值链主导位置。随着新型信息技术的应用与普及，数字服务新型业态逐渐显现，显著加快重塑全球价值链步伐。

在数字贸易深入化发展过程中，国际价值链各端企业通过数字化技术整合跨境资源，为全球关联企业产品设计、生产加工、经贸合作、营销服务等提供多元化支持。这促使各资源要素在全球范围内快速集聚，驱动全球价值链重塑。具体来看，在产品方面，数字贸易利用大数据和人工智能等高端技术，有效融合国际生产加工、贸易等环节，为链上企业创造更多新型商品，实现全球商品多元化匹配。在服务方面，数字贸易借助跨境电商等平台，打破时间与空间限制，改变全球各国间信息服务方式，为全球价值链各产业端提供多元化智能服务。在合作方面，数字贸易借助数字化平台，以新兴智能方式充分整合全球各区域贸易规则与资源，为全球价值链端各参与主体协作提供便利化服务，增强链端组织间的合作黏性。

在数字技术推动下，数字贸易加速渗入全球价值链端企业，重塑企业生产方法与组织形式，倒逼链端企业以多样化服务形式匹配各价值要素，促使全球价值链服务价值最大化。全球价值链端企业从资源整合者角色转变为方案提供商角色，企业由传统规模化生产转向数字化生产。例如，传统化工、机械与汽车企业等借助规模经济效应减少生产成本，以此获取市场竞争优势，牢固其在价值链上的分工地位。数字贸易将企业经济结构从"大规模生产同质商品—拓宽渠道—以市场营销吸引消费者"模式，转化成"围绕商品提供差别化服务—提高消费者体验—借助口碑效应吸引消费者"模式，该举措将推动全球价值链端企业生产附加值持续提高，实现全球价值链服务端的价值创造。开放、协作与共赢的价值网络成为链端企业嵌入国际分工的关键要素。在此关系下，全球价值链端企业与相关企业组建成联盟体，统一为全球价值链上多主体提供服务。新基建带来的数字经济深度影响全球服务产业融合方式。这不仅促使传统制造业具备高附加值与高技术化功能，还使得制造业延伸至高端全球价值链领域，更快地达到新型产业经济增长点。在数字贸易重塑下的产业格局中，服务业与制造业处于同一起跑线，以产业对接方式实现价值链有效衔接，最终实现全球价值链重构。

1.1.3 新基建推动社会融合

数字经济发展到今天，被界定为新型基础设施的 5G 网络、人工智能、工业互联网、物联网等已经并非新事物，"新"事物，实际上指向的是基于"新基建"的新生产方式、新生活方式和新经济增长方式，并借此使得基础设施能够内嵌经济社会发展的需要，真正发挥扩内需、促转型、增后劲的作用。更深层次的意义，是通过网络技术的创新，来推进 5G 网络技术的覆盖和部署，从而能实现国家和地区、地区和地区之间网络的高速互联，进而实现产业、交通、校园、社区等应用场景的垂直覆盖，最终推动社会发展进步。

"十四五"时期科学布局和推进建设以信息网络为基础、技术创新为驱动的新型基础设施，有利于促进稳增长、调结构、惠民生。要想服务于我国经济发展，与生产生活深入融合，新基建需要从信息基础设施向融合基础设施拓展转化，从另外一个意义上讲，借新基建赋能新型工业化、城镇化、经济体系现代化，才是新基建的真正使命。要稳步发展融合基础设施，打造多层次工业互联网平台，促进融通创新；结合推进新型城镇化，提升农业数字化水平；建设远程医疗、在线教育等民生基础设施。从多个维度来强化信息网络和实体产业的融合，通过融合来打造更为强大、更为高效的产业，赋能实体经济，实现转型升级。

在全球数字化浪潮和新一轮科技革命的推动下，发展壮大以信息网络为基础、技术创新为驱动的新型基础设施，是我国经济结构转型升级和参与全球竞争的必然要求。强调技术创新以及稳步发展融合基础设施，表明我国新型基础设施建设到了新阶段，要更加注重新技术、新应用，尤其是基础科技领域的创新和在融通中创新。只有这样，新基建作为信息社会、数字经济和绿色低碳生活的基石，才能成为推动我国经济高质量发展的引擎。

推进新基建要注意融通融合。要注意与实体经济的融合，我国拥有世界上最健全的工业体系，但在关键基础技术方面存在短板，要致力于完善重大科技基础设施、产业技术创新基础设施，打造多层次工业互联网平台，将 5G、大数据、人工智能等网络信息技术深度应用于传统基础设施转型升级，进而形成融合基础设施，为建设制造强国提供支撑。还要注意与民生基础设施的融通，推动交通、物流、能源、市政等民生基础设施智慧化改造，加快建设数字经济、数字社会、数字政府，满足人民群众美好生活需要。

融合基础设施要实现的信息化、城镇化、工业化、农业现代化，已绝非短期经济发展目标，而是"十四五"规划乃至我国经济社会长远发展全局的重大问题。从这个意义上讲，新基建与四化是同步进行的，两者之间存在着良性互动，新基建产生的投资需求和消费需求在拉内需、促转型、增后劲中所发挥的作用，也符合我国经济结构转型升级，供给侧结构性改革的基本思路。所以，新基建的建设、创新与发展，必须站在经济发展的全局来把握，促进互联生态泛连接建设，深化新基建的融合发展，赋能应用。

新基建所形成的互联互通、物理数字相融合的基础设施，是各行各业数字化转型的基础。在这些基础设施上，社会的共性认知将走向数字化，形成基于数字技术的信用、认证、交易、法规、文化和伦理体系，并形成新的生活方式、生产方式和社会治理方式。农业、工业、服务业也会随之发生革命性改变。新基建是发力于科技端的新型基础设施建设，为社会安全治理供给侧和需求侧提供了新机遇。运用新基建的技术属性，创新社会安全治理，是激活社会安全治理动能，提高治理水平的必由之路。

1.2　信息安全发展机遇与风险

1.2.1　信息安全现状

随着新基建和应用的大面积开展，潜藏其中的数据危机不断衍生出新的安全挑战。政治、经济、军事、文化及科技等活动越来越依赖信息系统的辅助支撑，信息安全已成为全球性问题，数据安全性的丧失不仅给国家带来安全风险，给企业带来直接或者间接的经济损失，也给用户的隐私安全带来威胁。

确保信息安全是新基建信息系统最基础的底层保障，外部强针对性、破坏性的网络攻击，企业内部数据服务器保护措施不力，个人隐私保护措施不合规都会造成不可挽回的数据安全损失。在新基建的建设运营中，需要保护的基础设施将大规模增加，接入终端除现有的手机、传感器、智能卡外，还包含了更丰富的物理对象。因此，所涉及的高新技术产业面临的挑战不仅包括技术本身的挑战，还包括网络攻击从数字空间延伸到物理空间，带来更复杂的数据安全问题。所以，需要建立涉及终端芯片、服务器、网络、操作系统、数据库的全方位保护。

1.2.1.1　数据安全保护

1. 数据来源安全

（1）个人信息

个人信息具有巨大的商业价值。面对新型冠状病毒肺炎疫情，我国依托大数据、云计算和人工智能等技术实现了高效的"数字防疫"，个人信息被广泛利用。一方面，政府机构收集个人信息，及时掌控最新状况，积极开展防疫工作；另一方面，公民通过隐私让渡，与政府机构齐心协力防控疫情，保障自身安全。然而，信息采集作为传播起始环节，需要秉持合法采集、合理采集和数据最小化采集原则，大数据时代下个人信息被运营者过度采集后被滥用，严重威胁了用户的信息安全和财产安全。各种监视感应系统实时记录了用户的个人信息，如地铁购票系统、全球定位系统（Global Positioning System，GPS），都会实时记录人们的出行信息，企业运营单位掌握了大量的用户信息，可是有些运营商非法兜售收集到的用户信息，以获取经济利益。

根据中国互联网信息中心发布的第 43 次《中国互联网发展状况统计报告（2019）》，中国网民规模在 2018 年年底已达 8.29 亿，为了满足互联网用户的多样化需求，各终端应用市场也在快速发展。2019 年国际消费者权益日消费者之友专题晚会曝光了 Wi-Fi 探针盒子识别用户手机的媒体访问控制（Media Access Control，MAC）地址后，从手机端 App 获取用户的个人隐私数据，将隐私数据与 MAC 地址进行匹配，就可以定向推送营销广告和拨打骚扰电话，在这场数据曝光危机中，App 过度收集用户信息是主要原因。

根据中国消费者协会发布的《手机 App 个人信息安全问卷调查结果及建议》相关结果分析，社交通信类手机 App 过度采集用户个人信息排在前三位的分别是"位置信息""手机号码"和"上网记录"，除此之外，用户的个人照片信息、个人财产信息、车辆信息、教育信息以及短信信息等均存在被过度收集或使用的现象。以社交软件微信、QQ 为例，该类 App 需要开启的访问权限有用户电话号码、通信录、短信、位置信息、相机、麦克风等。以娱乐新闻类为例，该类 App 通常需要开启的权限有电话号码、短信、位置信息、相机、麦克风、存储空间等。用户可以通过网页或者手机客户端发表个人日志，也可在授权该 App 访问本机图库的情况下发表图片。它们主要存在的问题有用户位置信息的泄露。例如，"人肉搜索"通过各种手段，搜集相关人或事的信息，以达到查证或披露某人信息的目的，该类情况的发生主要是用户位置信息泄露的缘故。

近年来，随着传感器技术、人工智能技术及大数据分析处理技术的发展，生物信息这种独特而普遍的个人信息载体逐渐演化为个人数字信息的一部分，即人脸、指纹、虹膜信息。生物信息相比于其他个人信息而言，呈现出敏感度高，采集方式多样、隐蔽和灵活的特性，不当使用可能会给公民的人身和财产安全带来不可预测的风险。生物信息被泄露后，也不可能注销或修改变更，带来的影响更大。此外，生物识别技术面临独特的监管难题，在某些场景下甚至涉及道德伦理方面的隐患。

目前，我国法律对过度采集个人信息行为进行了一定的规制。例如，刑法修正案（七）增加了刑法第二百五十三条之一，即增加了非法获取公民个人信息罪；《民法总则》第 111 条以及《网络安全法》也是国家为了防止公民个人信息泄露而提出的相关规定。但当前我国对个人信息保护法律中，基本是信息泄露的不法行为发生后的处罚救济，并没有真正做到事前防范。对于采集用户隐私信息的边界在哪，运营商将采集到的用户信息如何保管以及处置，违规使用或者泄露公民个人信息后如何处罚，目前并没有明确具体的规定。

（2）工业数据

我国在《"十四五"规划和 2035 年目标纲要》中提出要加快建设工业互联网和大数据中心，工业和信息化部在《工业互联网创新发展行动计划（2021—2023 年）》中提出要开展数据汇集赋能行动，推动工业互联网快速和高质量发展④。这些政策的颁布充分说明了工业互联网的重要性，也为其快速发展奠定了基础。数据是一切工业智慧化工作的基础与起点。随着工业信息化的快速发展，工业数据的采集量越来越大，部署环境也越来越复杂，对数据的采集实时性和成本的要求也越来越高。

工业大数据作为工业互联网的核心要素和生产资源，让人与机器的对话成为可能，是企业从"制造"到"智造"转型的加速器。从业务视角出发，工业大数据主要来源于企业信息化数据、工业物联网数据和外部跨界数据。企业信息化数据是指存储在进行日常生产与管理活动的企业资源计划（Enterprise Resource Planning，ERP）系统、生产信息化管理系统（Manufacturing Execution System，MES）、供应链管理（Supply Chain Management，SCM）、客户关系管理（Customer Relationship Management，CRM）等信息系统中的高价值业务数据，涉及产品生命周期各个环节，这部分数据已成为工业领域传统的数据资产。工业物联网数据是指通过传感器等连接机器、产品对象等产生的数据，主要分为生产现场的数据以及交付客户后的终端产品数据，是工业大数据的重要组成部分。

与商业领域关注数据之间的关联性以及对数据具有较高容错率的特征相比，工业领域的大数据更为重视数据特征蕴含的物理意义以及数据特征之间的关联机理，对分析结果的可靠性要求较高。工业大数据具有规模大、速度快、类型杂、质量低的特征，还具有反映工业机理与逻辑的多模态、强关联、高通量、因果性、价值性等新特征。

工业大数据采集是制造业数字化转型的前提。工业互联网在助力企业转型

---

④　参见《工业互联网创新发展行动计划（2021—2023 年）》。

升级过程中，成为工业大数据采集和应用的新载体。其边缘层通过接口、协议或系统集成的方式完成对不同来源数据的接入与实时采集。工业互联网利用数据接口连接企业信息系统，支持 ERP、CRM、MES 等应用系统数据的批量或增量导入，可实现异构系统中数据的统一管理。工业物联网数据采集主要包括工业现场数据的采集和工业产品数据的采集。工业现场数据的采集针对现场工业控制系统和设备进行。通过工业现场的自动化与控制系统，如集散控制系统（Distributed Control System，DCS）、数据采集与监视控制（Supervisory Control And Data Acquisition，SCADA）系统等，借助传感器、采集器、射频识别技术等实现对地理位置集中的底层设备或分散的工业现场设备的监视与数据采集。工业产品数据的采集是指产品或装备在客户端投入使用后，通过 4G、5G、窄带物联网（Narrow Band Internet of Things，NB-IoT）等无线通信技术接入工业互联网，利用标识、传感器等获取产品信息、能耗、温度、工作电流、电压等实时指标数据，完成的数据采集。企业决策不仅受自身资源、管理条件的约束，还受外部环境的影响。企业应借助数据抓取技术等从市场、合作伙伴或竞争者等处获得外部跨界数据，包括从市场动态数据中提取的消费者对产品的满意度和未来需求的相关数据、合作伙伴或者竞争者的动态发展数据等。

2. 数据存储安全

数据无疑是组织中比较有价值的资产之一。借助基于云的存储环境等易于使用且价格合理的选项，将大量数据存储在一个地方变得非常轻松。但是，空间不再是企业唯一关心的问题，数据存储安全性现在已成为企业的重中之重。针对数据的不同安全风险，数据存在与物理访问存储数据的系统有关的威胁非常大。例如，选择物理位置存储机密数据时，请确保该位置很难被篡改或从中检索数据。除物理威胁之外，还有大量的网络安全威胁，它们针对存储在网络、服务器和其他云基础架构上的数据。

数据存储安全是整个数据安全计划的一部分，也是数据中心安全和组织安全的一部分。如果只小心翼翼地保护存储的安全而未将整个系统向互联网开放，那这样的存储安全是丝毫没有意义的。安全计划可能需要满足各种数据库和应用的不同层次的安全需求原则,这样的存储安全是非常简单直接的。在过去 10 年中,存储已演变为多个系统共享的一种资源。很多案例表明,只保护存储设备所在的系统的安全已不能满足需要了。存储设备目前连接到很多系统上,因此,必须保护各个系统上有价值的数据,防止其他系统未经授权访问数据或破坏数据。相应地,存储设备必须要防止未被授权的设置被篡改,对所有的更改都要做审计跟踪。

针对数据存储安全的需求,应考虑的数据存储安全最佳实践主要包括以下几部分。

(1)实施强大的数据存储安全策略

每个组织都应创建、实施和更新全面的数据存储安全计划。数据存储安全策略需要在办公室、移动设备、存储设备和整个内部部署基础结构以及整个 Web 的任何位置实施。数据存储安全策略可帮助识别敏感数据、关键资产,并实施强大的安全控制措施,以监视和保护每个级别的数据分类,从而最大程度地提高数据安全性。

(2)保护管理界面

通常,组织会设置控件以保护数据和数据存储资源免受未经授权的访问,同时忽略安全的管理界面。这可能允许用户提升特权或攻击者设置自己的凭据,从而使他们能够访问他们不应该访问的数据。保护管理界面的主要方法之一是强制实施强身份验证机制,如多因素身份验证和使用最低特权访问模型。这样,只有授权用户才能访问系统上存储的数据。除此之外,减少管理界面的暴露。可以通过连接到隔离管理 VLAN 的受管基础架构上的单独网络接口来实现此目的。然而,如果不能限制管理界面的使用范围,可以考虑使用跳转服务器。跳转服务器(也称为堡垒主机)用于提供强大且安全的身份验证访问。然后,其他管理接口可以连接到只能通过跳转服务器访问的管理网络。

（3）实施数据丢失防护解决方案

最有效的数据安全最佳实践之一包括实施数据丢失防护（Data Leakage Prevention，DLP）解决方案。DLP 可以识别、保护和监视传输中的数据以及笔记本电脑、台式机、移动电话或其他设备等存储区域中的静止数据。通过实施 DLP 解决方案，可以根据安全措施监视数据的位置和使用情况。它可以防止有权访问敏感数据的人员故意盗窃和意外泄露信息。根据 2019 年数据泄露报告，近 28% 的攻击涉及内部人员。因此，采用适当的解决方案保护企业和组织的数据免受内部威胁，将有助于增强数据安全性。此外，DLP 可以保护数据免受外部恶意攻击。DLP 可以禁止敏感数据传输到可移动媒体设备。例如，如果检测到安全事件，DLP 可以立即阻止对特定端点的访问。此外，DLP 可以帮助确保采取适当的安全措施以及自动执行合规性，可以安全地收集和存储敏感数据并满足特定要求的策略模板。

（4）监视用户数据访问控制

监视用户数据访问控制是增强数据安全性的另一种方法，有助于提供对授权用户的安全访问，同时维护用户特权，以确保用户仅访问他们需要完成其工作的数据。

可采取以下方式来监视用户数据访问控制：修改所有默认凭据；避免使用共享凭据，这会增加数据泄露和身份盗用的可能性；确保特权用户具有适当的凭据，如强密码策略；实施最小特权访问模型，以确保用户仅具有执行任务所需的特权；如果为特定任务赋予了用户更高的特权，请确保在任务完成后自动撤销用户权限。

确保一旦由受监视的相同用户创建日志，便无法对其进行修改。可以通过将日志与数据库分开托管并限制这些用户的写访问权限来实现。建立定义特权用户合法用户行为的策略，并实时验证用户操作以确保它们符合策略。验证他们是否被授权，并在发生可疑活动的情况下，发送警报或阻止账户，直到提供进一步的身份验证为止。

（5）云中控制数据

尽管云提供了很多好处，但是与云安全相关的一些挑战对数据安全构成了威胁。云计算最常见的挑战包括敏感数据丢失、恶意软件感染、永久数据丢失、内部威胁、违反现有法规控制等。对云环境中数据的控制包括治理策略，以确保数据安全地存储在云中。为了获得更好的隐私安全保障，应寻找可对数据进行加密的云存储服务，这将为存储的数据增加另一层安全性。针对云的安全措施应包括存储不同类型的数据的位置、谁可以访问它、如何修改它以及何时删除它。

在云中控制数据需要考虑以下几点：将特定于存储的策略与其他安全策略集成；解决数据保护和保留问题；在确定关键业务和敏感数据及其保护要求之后，合并存储注意事项；确保存储基础架构的所有元素均符合策略，解决数据丢失和恢复选项；使用云访问安全代理。

随着企业与企业之间的高度互联，企业实施合规性并保护其数据变得越来越具有挑战性。各种规模的组织都在采用云服务，如 Amazon Web Services（AWS），以此为用户提供更好的体验，并且可以在任何时间，几乎任何设备上访问核心业务应用程序。为了完全保护数据免受安全威胁和数据泄露的侵害，需要灵活而有效的数据安全策略，以解决诸如保护敏感数据、可疑用户行为以及确保日常活动合规性等问题。

3. 数据加工安全

新基建的计算模式发生了根本性的变化——从集中式计算、分布式计算、网格计算等传统计算过渡至云计算（如 GFS、BigTable、MapReduce）[5]。计算模式的变化意味着数据科学中所关注的数据计算和加工的主要瓶颈、主要矛盾和思维模式发生了根本性变化。

---

[5] GFS（Google File System）是 Google 公司为了存储海量搜索数据而设计的专用分布式文件系统；BigTable 是 Google 为其内部海量的结构化数据开发的分布式数据存储系统；MapReduce 是 Google 提出的一种分布式计算模型，主要用于搜索领域、解决海量数据的计算问题。

　　数据加工是指数据的创造性增值过程。在面向新基建的数据加工过程中，首先要将复杂数据转换为简单数据，对脏数据进行清洗处理后得到干净数据，从而防止出现"垃圾进、垃圾出"现象，主要涉及重复数据的过滤、错误数据的识别以及缺失数据的处理。在新基建的体系中，数据涉及各个行业和层面，数据种类繁多。运用数据挖掘技术构建行业数据库是当前通用的有效技术，包含数据准备、自动分词、人工核查、语义标注、建立关键词库等多个环节。通过智能算法对数据进行处理也存在一定的风险。首先，数据科学的研究责任在于预测模型，而不在于解释模型。以预测模型为中心的数据科学更偏向于实用主义，更加关注"对未来的预测能力"，而不是"对过去的解释水平"。因此，数据科学的研究更加重视"现在能为未来做什么"，而不是"过去对现在的影响是什么"。预测模型往往基于相关关系，而不是因果关系。通常，相关关系可以帮助预测未来，而因果关系有助于进一步理解和控制未来。从表面上看，预测模型依赖的是相关关系的分析，但在本质上属于一种数据驱动型的"数据范式"，与基于知识范式的解释模型有着本质性的区别。

　　智能算法有可能存在"算法歧视"。智能算法本质上是"以数学形式或计算机代码表达的意见"。算法并非完全客观，其中可能暗藏歧视。智能算法的设计目的、数据运用、结果表征等都是开发者、设计者的主观价值选择，他们可能会把自己持有的态度乃至偏见嵌入智能算法之中。而智能算法又可能会把这种歧视倾向进一步放大或者固化，从而造成"自我实现的歧视性反馈循环"。智能算法决策本质上就是用过去预测未来，而过去的歧视和偏见可能会在智能算法中固化并在未来得以强化。

　　"算法歧视"状态的普遍存在给人工智能的市场应用带来不合理性和不正当性因素，"算法歧视"主要表现为偏见代理的算法歧视、特征选择的算法歧视和大数据杀熟三种基本形态。关联歧视中对客观敏感数据进行的处理导致了结果的偏颇，不一定具有主观歧视意图；特征选择歧视算法是用"偏见进、偏见出"的方式使用了错误数据导致了错误结果；大数据杀熟是价格歧视和特定推送的歧视表现，是智能软件有针对性、隐蔽性的算法歧视。

算法歧视的救济方式从阶段上可以分为预防性控制和矫正性责任规制。从预防的角度要做好对数据源头的把关，其中包括民主化的数据收集和筛选以及基于伦理的算法设计和把关。从矫正的角度是造成不利后果后追责方式的设计和选择。数据来源的特定性和算法设计者主观意图的影响会导致算法的结果出现偏见。当前美国联邦政府及各州都把存在实质性歧视影响的算法纳入法律调整的范围，并对歧视性算法进行司法审查。

另外，智能算法本身的透明性问题也广受关注。人们批评和质疑人工智能自主决策系统的主要原因是它仅仅凭借数字输入和输出，而不能够提供做出这一决策所必需的理由和材料。与传统的决策系统不同，基于智能算法基础上的人工智能决策中，普通人根本无法理解其复杂的算法机制原理和框架模型，这种决策是基于算法黑箱而做出的，不透明性问题由此而生。这种不透明性使得人们很难了解算法的内在机理。因此，在质疑自主决策系统的结果时，如何解释智能算法就成了难题。

4. 数据流通安全

在面向新基建的数据赋能过程中，将不同行业数据进行有效联结，并通过数据利用与挖掘实现数据价值提升已经成为大数据时代的主旋律。数据安全与数据流动是数据价值流动中的矛盾双方，需要找到二者之间的平衡。梅宏院士在十三届全国人民代表大会常务委员会专题讲座中指出：我国政府机构和公共部门已经掌握巨大的数据资源，但存在"不愿""不敢"和"不会"共享开放的问题。[⑥]政府数据在共享过程中的这三大难点，同时是整个数据市场开放程度不足的 3 个重要原因。不愿开放共享，从个体的角度出发，人们认为数据是自身财产，不能放眼看到数据流动带来的价值优势；不敢开放共享属于责任风险担忧，共享数据涉及国家安全、个人隐私和商业机密，没有明确的制度保障，容易出现法律风险；不会开放共享指的是数据平台异构，数据标准不统一，且缺

---

⑥ 梅宏：《大数据：发展现状与未来趋势》，载中国人大网。

乏配合的信息安全防范、监测、通报和处置机制，技术上缺乏支撑数据共享能力。

数据共享更重要的是数据流动中融合价值的体现，在政策的扶持之外需要建立高效的数据分析系统作为数据共享的后台保障。随着数字经济和数字社会的不断发展，数据交易市场也将走向繁荣，平台化的数据交易标志着数据共享市场化、有序化发展阶段的来临。我国以政府参与为主的中关村数海大数据交易平台、贵州大数据交易所、上海市政府数据服务网、长江大数据交易中心、钱塘大数据交易中心自 2014 年起纷纷成立，民营企业如阿凡达数据、京东万象、数据宝也在不断开拓业务模式，总体来看，数据平台虽多，但零散、交易规模偏小、数据仍缺乏集中度、交易规则和管理方式仍不明确。尚没有稳定、统一的大规模数据交易平台出现，也没有完备的规章规范来引导。

1.2.1.2　网络攻击与网络诈骗

网络安全已经进入深水区，以攻击数据、盗取数据为核心的网络病毒、网络攻击事件越来越多。网络安全技术也要不断创新，来应对不断变种、不断变形的各种各样的网络攻击。因此，网络安全技术要和业务系统融合，要覆盖更多的场景，如车联网、大数据、数据交易和物联网等。只有实现数据安全存储、有序流动、公平交易、清晰边界，才能最大限度发掘数字时代红利。

2018 年 4 月，习近平总书记在全国网络安全和信息化工作会议上深入阐述了网络强国的重要思想。《中华人民共和国国民经济和社会发展第十三个五年规划纲要》中明确提出了"互联网+"行动计划[⑦]。《"十四五"规划和 2035 年目标纲要》强调，提高发展数字经济、加快培育发展数据要素市场，应把保障数据安全放到突出位置。2021 年 7 月 12 日，工业和信息化部发布了《网络安全产业高质量发展三年行动计划（2021—2023 年）（征求意见稿）》，强调网络安

---

⑦　参见《中华人民共和国国民经济和社会发展第十三个五年规划纲要》，中国政府网。

全产业作为新兴数字产业，是维护国家网络空间安全和发展的网络安全技术、产品生产和服务活动，是建设制造强国和网络强国的基础保障⑧。

1. 网络设备攻击

网络入侵需要以网络通信为载体，利用传输控制协议/互联网络协议（Transmission Control Protocol/Internet Protocol，TCP/IP）参考模型传输网络攻击数据。因此，可以将目前已知的网络攻击映射到 TCP/IP 四层模型，针对不同层次的不同攻击采用相应的防御方法。应用层的攻击在网络攻击中占比非常高，并且随着新一代信息技术的发展和应用，其攻击手段层出不穷。在应用层的攻击中，全球广域网（World Wide Web，Web）攻击的占比非常高，例如，常见的 Web 攻击有结构化查询语言（Structured Query Language，SQL）注入攻击、跨站点脚本（Cross Site Scripting，XSS）及文件上传漏洞攻击、文件包含攻击、网页木马攻击、爬虫攻击、Web 扫描攻击、协议违规、网站信息泄露篡改等。

随着信息科技发展，网络攻击类型也在发生变化，攻击战术也越来越复杂。信息科技发展与网络攻击类型如表 1.1 所示，网络攻击战术演进及其特点如表 1.2 所示。

表 1.1 信息科技发展与网络攻击类型

时间	信息科技发展	网络攻击类型
20 世纪 90 年代	数据存储在安全私有设备上	物理威胁、诈骗、内部人员作案等
21 世纪 00 年代	互联网发展，数据互联	恶意计算机指令及程序、网络攻击等
21 世纪 10 年代	移动网络发展，数据随时访问	钓鱼网站、僵尸网络、APT、勒索软件、社会工程等
21 世纪 20 年代	云设备，物联网，数据无处不在	关键设备入侵、网络恐怖行为、国内外间谍组织等

---

⑧ 参见《网络安全产业高质量发展三年行动计划（2021—2023 年）（征求意见稿）》，中华人民共和国工业和信息化部。

表 1.2 网络攻击战术演进及其特点

时间	攻击战术	攻击特点	攻击举例
20 世纪 80 年代	普通攻击	简单、不复杂的攻击	密码猜测和破解、钓鱼网站、网络诱骗、DNS 攻击等
21 世纪 10 年代	直接攻击	一般难度的攻击	高级扫描、DoS 拒绝服务攻击、键盘记录器、数据包 Spooling 等
21 世纪 20 年代	战略攻击	高难度、高复杂度的攻击	僵尸网络、恶意代码、变形对抗样本等

信息防护的迭代如下。

第一代（20 世纪 80 年代）：黑客通常是狡猾的恶作剧制造者。针对独立计算机的病毒攻击大多始于错误，为了防止这种破坏，防病毒产品应运而生。

第二代（20 世纪 90 年代）：随着互联网开始成为商业及日常生活的中心，黑客们开始形成组织并相互交流，以便通过网络犯罪谋取经济利益。恶意软件的出现，使基于包过滤的第一代防火墙以及主动防御的入侵检测系统（Intrusion Detection System，IDS）得以兴起。

第三代（21 世纪 00 年代）：攻击者开始分析网络架构和软件脆弱点，以发现并利用整个信息技术基础设施中的漏洞。仅采用防火墙、防病毒软件和 IDS 产品应对新型攻击显然远远不够。企业为保护自身安全，开启了最优修补工作安全模式的时代。Check Point 公司等开始专注于网络威胁防范，并推出了入侵防护系统（Intrusion Prevention System，IPS）产品。

第四代（21 世纪 10 年代）：从国际间谍活动、大规模个人信息泄露到大规模的互联网破坏，网络攻击技术变得更加复杂多元。攻击以隐蔽性、多态性的方式隐藏在图片、视频等文件中。虽然第二代和第三代的互联网安全技术提供了访问控制并检查所有通信，但无法对最终用户通过电子邮件、下载文件等方式实际收到的内容进行验证。因此，有网络安全公司利用僵尸网络防御策略和沙箱等虚拟系统程序，以零日攻击等进行防御。

第五代（21 世纪 20 年代）：先进的"武器级别"黑客工具遭到泄露，在大规模地理区域内感染大量的企业及实体。大规模、多向量的大型攻击激发了企业对集成与统一安全架构的需求。前几代修补工作、最优部署、检测优先的技术已经远远无法抵御第五代快速隐秘的攻击。以 Check Point 公司为代表的网络安全公司开始基于高级威胁防护与分析解决的需求，开发标准的统一架构，可实时共享威胁情报，预防对虚拟实例、云部署、终端、远程办公室和移动设备的攻击。

总体看来，随着信息技术与互联网技术的进步，网络攻击技术更新极快，并呈现出两个主要特征。一是网络攻击技术已经由简单走向复杂。在网络攻击中使用人工智能技术进行运用分析，并向武器化、自动化趋势蔓延。二是网络攻击逐步从个人走向组织。早期的网络攻击基本为黑客的个性与能力展示，现在，出于政治和经济目的，黑客个体行为已走向黑客组织行为，部分还带有很强的国家属性，他们拥有最先进的网络武器库，具备针对性更强的攻击方法。

2．网络信息诈骗

利用通信工具、互联网等技术手段，针对不特定数量人群，通过远程、非接触式方式设置骗局，骗取公私财物的网络诈骗犯罪活动呈高发多发态势。网络诈骗方法和手段迭代更新，涉及受害人数众多，严重侵害人民群众的财产安全和其他合法权益，干扰电信网络秩序，破坏社会诚信，影响社会和谐稳定。网络信息诈骗的特征主要体现在以下几方面。

（1）诈骗手段迭代更新，跨平台引流突出

从该类案件总体数量上看，交友型、交易型、敲诈勒索型、仿冒型、金融投资型位居前五；从历年情况来看，仿冒型、交友型、交易型等传统类网络诈骗一直保持高发多发态势，同时网络贷款、金融投资等新型诈骗手段不断涌现。一方面，因为大数据时代个人信息收集更加简易便捷，公民隐私安全受到的威胁日益加剧，行为人通过交易，收集被害人的个人信息，精准设计骗局，大大提高了诈骗的成功率和效率；另一方面，相当一部分诈骗行为源自多平台、跨平台的引流，其中婚恋招聘网站、游戏软件交易诈骗引流较为突出。

（2）黑灰产业链催生，需继续开展全链条打击

网络诈骗团伙层级多、分工明确、专业化强，催生出大量为诈骗分子提供帮助和支持并从中获利的黑灰产业链，而这些黑灰产业链又进一步加速网络诈骗犯罪的蔓延泛滥。尤其是，专门交易公民个人信息和专门负责取款、转移赃款形成了比较成熟的产业链，两类帮助行为使得网络诈骗与获利实现了物理隔离，增加了打击难度。

（3）一些证据、要件、情节难以明确认定

黑灰产业链形成，各环节之间独立性强，再加上各环节违法犯罪行为难以界定，对脱离了诈骗正犯实施行为的帮助行为认定其"明知"，很难逃脱从属性的制约，与正犯之间建立联系难度较大；由于手机充值卡、游戏装备、电商平台预付卡、虚拟货币等销售收购商往往不具有司法解释列举的可认定"明知"的情形，因此对于如何推定其主观明知有着不同的处理意见和结果。

1.2.1.3　终端设备安全

截至 2020 年年底，我国物联网产业规模已突破 2.4 万亿元，中国移动已建立起全世界规模最大的物联网体系，2021 年的物联网用户数已突破 10 亿。在如此庞大的规模之下，物联网体系的安全问题日益引发关注。

随着 5G 技术的快速发展，通过植入 5G 芯片具备无线通信能力的终端，已不仅局限于手机、路由器等传统的通信终端设备，而是逐渐扩展到移动医疗、智能家居、工业控制、车联网、环境监测等各个领域的各种终端，行业终端可通过 5G 终端和模组接入网络。种类繁多、应用复杂的海量终端接入 5G 网络，也引发了身份仿冒、信号欺骗、设备劫持、数据篡改、故障注入等一系列安全问题。如何保证 5G 终端自身安全以及终端接入 5G 网络的安全，成为行业应用

接入 5G 面临的基本问题。

终端面临的安全风险与网络通信和终端自身硬件两方面相关。在网络通信方面，无线环境中的终端面临着用户身份被盗用、数据在传输过程中被窃取与篡改、恶意终端对 5G 网络攻击等安全威胁；在终端自身硬件方面，其安全问题主要源于终端芯片设计上存在的漏洞或硬件体系安全防护的不足，导致敏感数据面临被泄露、篡改等安全风险；对于具备自身软件的强终端，还存在网络攻击者通过安装在 5G 终端上的软件系统对终端本身和 5G 网络发起攻击的安全风险。

根据 5G 终端面临的各种安全风险，终端首先需要在自身软硬件方面做好安全防护，避免非法攻击对终端造成破坏、劫持或者信息窃取。对一些重要的、敏感的业务，需要 5G 终端具备对业务数据加密的能力，从源头上保障业务数据的安全性，尤其是业务数据的机密性和完整性保护，防止业务信息被窃听和篡改。5G 网络将提供对海量用户终端的支持，并需要确保各行业的终端设备安全接入，实现"万物互联"。在万物互联的场景下，如何确保接入设备自身的安全，将成为保障未来 5G 网络安全的基础。

除个人应用终端外，行业应用对信息终端提出了更高的安全要求。例如，金融机构核心业务系统存储了大量公民个人信息和敏感信息，一旦遭受攻击，将严重危害国家安全、国民经济、人民生活和社会公共利益。目前金融机构互联网网站的 IP 地址使用情况已在公安系统进行备案，并由公安系统进行管理、监控，但是互联网终端的行为管理仍存在很多隐患。产生这些隐患，与互联网终端管理的困难密不可分。

总结起来，互联网终端管理面临着以下三方面问题。

其一，互联网上网行为管理的费用高、投入大。为了营造良好的服务环境，部分金融机构营业网点为消费者提供免费的 Wi-Fi 服务，使得外来人员和内部职工使用互联网进行违法犯罪行为的概率大大增加。应对这些行为管理需要部署统一身份认证系统、具备防病毒等功能的防火墙、上网行为管理系统、日志管理系统等，并建立一支具备专业技术能力的管理队伍负责日常运维管理，而这些投入需要一定的资金、人力、物力。

其二，互联网接入形式多样化、点位分散。随着互联网应用的普及和发展，互联网接入的形式越来越多样化。比如互联网终端类型，台式机、笔记本电脑、iPad、智能手机等，形式多样。另外，接入的地点也无处不在，如企业场所、家庭居所，接入方式有百兆光纤、3G、4G 以及无处不在的 Wi-Fi 等多种情况。在未来几年，通信网络将会是以往各种方式与 5G 并存的时代，互联网终端行为管理的环境更为复杂。

其三，信息泄露路径多，主观故意行为防不胜防。目前可知的泄露信息的途径主要有终端中植入木马、黑客利用网络 Wi-Fi 钓鱼或利用用户 Wi-Fi 获取用户信息、移动电话云服务账户被盗（由弱密码或碰撞库或服务提供商漏洞等原因引起）、具有隐私权的应用程序供应商服务器被黑客控制、钓鱼网站被黑客通过伪基站短信和其他导致重要账户密码泄露的手段访问、恶意黑客通过攻击便携式设备电池来控制设备、黑客监控全球移动通信系统（Global System for Mobile Communications，GSM）标准网络的短信（Short Messaging Service，SMS）等。这些途径的存在，说明一些群体故意破坏网络安全谋取私利，则其必然会不断突破技术控制，挑战防守阵线的软硬件实力。

1.2.1.4　管理体系复杂

1. 标准体系复杂

新基建是以高新技术作为拉动数字经济动能的大规模国家建设，高速的数据通路需要结合各行业领域特点进行对接。应用场景的多元化，带来安全需求的多样化和管理体系的复杂化，而数据治理的落实需要建立统一的数据技术体系作为重要支撑，其基础是建立统一的技术标准化体系。

以煤矿业为例，现有国家行业标准包括 AQ6201—2019《煤矿安全监控系统通用技术要求》和 MT/T 1169—2019《矿井感应通信系统通用技术条件》，同时，在煤矿智能化标准制定体系中又涵盖了国家能源局、国家煤炭协会、中国煤炭学会立项的 10 余项行业标准。由此，无论是分层面还是分行业，数据治理中标准体系的复杂和庞大可见一斑。

标准体系复杂化带来的问题有概念混淆，不同层面、不同组织缺乏统一的术语标准。新基建是作为一个整体进行布局的，但缺乏跨行业的技术标准和通用的基础标准，数据流通不畅。行业智能化水平发展迅速，行业标准指导、规范和安全要求制定流程较长，无法及时跟进。再到落实到基层，企业对标准的执行能力存在差别，执行效果不佳等，需要技术标准层面的进一步加强和改善。

2. 数据维护与管理

数据加工后，还要对数据进行管理与维护，以便进行数据分析以及数据的再利用和长久存储。应用计算机数据库技术进行数据信息的管理，需要对原有的数据库信息内容进行整合，减少数据冗余现象。还要保证各项数据信息在应用时，能够呈现独立的特征，提高整体的完整性，确保这项工作能向着规范化方向发展。数据的管理人员在开展相关工作时，需要增强自身的辨别能力。要根据不同类型的项目要求，提取相应的数据信息，并且将其存储到数据库中。如果存在一些残缺的或不合格的数据信息，要对其进行全面清除。在保证数据信息完整性的基础上，需要对服务器的入口进行全面保护，可以设置相应的保护屏障，并且对数据信息进行加密处理。

在当前的时代背景下，越来越多的数据库技术，已经应用到信息管理工作中，为企业的生产带来了诸多便利。但同时这项技术在使用的过程中，存在一定的安全隐患，企业经常面临数据信息被盗用和泄露的情况，无法保证生产的安全。在对技术进行改良和优化的过程中，企业需要在原有数据库技术的基础上，对其进行更新和完善。企业还要提高数据信息的处理效率，通过对数据库进行优化，提高技术的应用水平。

1.2.2　信息安全监管政策现状

1.2.2.1　立法效果尚需评估

立法是数据治理制度建设的最高形式。当前数据的安全保障仍面临立法滞后的问题。在中华人民共和国第十三届全国人民代表大会第二次会议上，代表史贵禄提到"国家层面的大数据法律法规仍然处于空白；大数据发展领域新、涉及面广、专业性强，需要立法加以规范发展，构建我国大数据管理法律法规体系"。如信息主体要求加强对个人信息的保护；行业主体要求对合法搜集、处理信息行为的法律保障；数据加工主体要求对数据处理能力的保护；平台对网络交易的规范等，我国对区分数据安全责任主体，涉及个人隐私、商业秘密、国家秘密的数据信息的保护以及在数据处理和应用领域依旧缺乏及时的、系统性的、体系化的法律保护。

近年来，我国个人信息保护立法进展明显。2013 年工业和信息化部出台《电信和互联网用户个人信息保护规定》，明确了电信业务经营者、互联网信息服务提供者收集、使用用户个人信息的规则。2016 年《网络安全法》把个人信息保护纳入网络安全保护范畴，明确规定了违反个人信息保护应负的法律责任。2021年 8 月 21 日，全国人民代表大会常务委员会表决通过了《中华人民共和国个人信息保护法》，这是我国首部针对个人信息保护的专门性立法。其主要亮点包括：一是明确立法依据是"尊重和保障人权，公民的人格尊严不受侵犯，公民的通信自由和通信秘密受法律保护"；二是进一步完善个人信息处理原则，即合法、正当、必要和诚信等，特别针对应用程序过度收集个人信息、"大数据杀熟"等做出有针对性的规范；三是完善个人信息跨境提供的规则；四是明确了敏感个人信息处理规则。我国《个人信息保护法》与欧盟及美国模式有显著不同，严格来讲，介于二者之间，采取"宽严相济"的立法模式，探索出第 3 条个人信息保护路径。在保护路径上，从单一赋权模式转变为多元保护模式，即在明确个人在个人信息处理中的权利的基础上，采取行政干预方式，对涉及国家机关的个人信息处理者进行行为规制。

从立法效果上，数据立法需要制定对数据安全产生的后果的处理办法，但更着重防范于未然。而现有多数法规草案是法学领域的立法工作人员起草的，数据实践经验不足，立法缺乏技术层面的可操作性，尤其在预防方面难以起到实际指导意义，需要避免类似于欧盟《通用数据保护条例》（General Data Protection Regulation，GDPR）"被遗忘权"规范与操作脱节的情况发生。同时，数据立法需要恰当务实，需要把握数字经济发展与治理之间的平衡，不能一味求全、求严，从而限制数字化改造活力。

相关研究⑨显示，GDPR 实施后，欧盟企业的融资总额、融资交易笔数及每笔融资交易金额均大幅减少，新兴、年轻和成长阶段企业每笔交易融资额分别缩水 27.1%、31.4%和 77.3%。这些企业（特别是中小企业）融资的下降，将直接影响研发投入的增长。而有些数字产业，特别是基于互联网发展起来的产业，如网络直销、信用科技、定向广告等，以及近两年兴起的人工智能、区块链、云计算等新兴行业，可以说直接依赖于数据。

数据流动是数字贸易的主要内容，重点从"跨境数据自由流动"与"数据本土化"两方面展开相关业务。从跨境数据自由流动角度而言，美国根据自身技术水准与利益诉求，倡导实施无限制境外数据自由化流转，真正实现数字贸易自由化转换。然而，欧盟国家认为数据信息自由流动必须基于严格隐私保护，并适当控制跨境数据自由流动。各相关经济体将"跨境数据自由流动"作为核心内容的洽谈尚处于摸索阶段，导致数字贸易中各主体间的数据难以有效对接。如美欧经济体签约《安全港协议》，明确说明参加"安全港机制"的美国企业如果满足欧盟信息标准要求，便允许将欧洲用户的个人数据合法流动至海外。但受到"斯诺登事件"波及，2015 年 10 月 6 日，欧盟宣称《安全港协议》作废。

---

⑨ Jian Jia, Ginger Zhe Jin, Liad Wagman. The Short-Run Effects of GDPR on Technology Venture Investment[N]. NBER Working Paper 25248, 2018.

2016 年 2 月 29 日，美国与欧盟达成最新《隐私盾合作》[⑩]。该合作协议基于原先协议，针对跨境数据流动构建了仲裁、监管与争议解决机制，但实践效果并没有达到预期状态。这一问题的发生，导致国际上以美国和欧盟国家为主的贸易主体无法实现资源要素对接，降低全球价值链中信息流动效率。另外，以欧盟为首的国家与经济体为增强本土调控与数据管理力度，均实施数据存储制度，并强制合作国家采取本土化政策，阻碍或禁止全球产业境外数据流转。考虑到个人隐私、国家安全与经济发展需求，俄罗斯、澳大利亚、巴西、印度等国以及欧盟陆续颁发了数据本土化相关法规与政策。这种国家间数据流动遏制行为，为各国企业合作筑起较高数字贸易壁垒，阻碍国际间以基础信息为主的虚拟价值流动，成为全球价值链创造的一大无形壁垒。据悉，当前全球有 60 多个国家已经采取数据本土化策略，将数据圈定于本国范围，难以提升全球价值链中的数据应用价值，抑制价值链重构。

欧盟在《通用数据保护》中明确了数据跨境流动的 4 条途经，美国“云法庭”确保了美国在数据跨境流动方面的优势地位，同时部分国家通过双边或多边协议推动相互间数据的跨境流动。我国向来重视数据安全。2017 年 12 月，习近平总书记在中共中央政治局第二次集体学习时强调：“要切实保障国家数据安全。”[⑪]《中华人民共和国国家安全法》《中华人民共和国保守国家秘密法》《网络安全法》《中华人民共和国数据安全法》以及《个人信息保护法》等法律，从维护国家安全高度明确了数据跨境流动的指导原则，即“境内存储”和“安全评估”两大原则。《个人信息保护法》在两大原则基础上，增加了“个人信息保护认证”和“标准合同”两项规定。2021 年 7 月 2 日，中华人民共和国国家互联网信息办公室的网络安全审查办公室发布公告，对“滴滴出行”App 启动网络安全审查，其核心关切就是美国上市可能带来的数据跨境流动风险[⑫]。重点

---

⑩　MA Weiss. U.S.-EU Data Privacy: From Safe Harbor to Privacy Shield，2016.

⑪　参见《习近平主持中共中央政治局第二次集体学习并讲话》。

⑫　参见《网络安全审查办公室关于对“滴滴出行”启动网络安全审查的公告》。

国家（地区组织）数据跨境流动监管情况如图 1.3 所示。

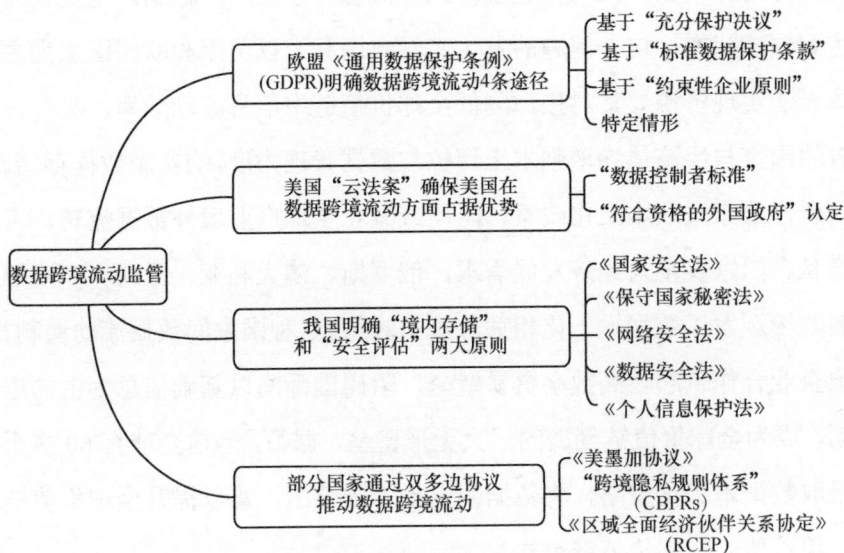

图 1.3　重点国家（地区组织）数据跨境流动监管情况

1.2.2.2　评价和监管体系落实不到位

数据治理不同于对传统社会行为的立法，法律的活力需要技术的高度配合。法律执行具备较高的信息技术门槛，立法后需要系列的配套举措，如评价的标准、执行的程序、必要的制度、监督的手段、信息公开、具体惩戒方式等。数据评价体系和监管体系的不完善，不仅会造成立法的落地困难，还会限制数字企业的发展空间。例如，欧盟 GDPR 自 2018 年施行后的两年里，就暴露了执行层面的困难。

数字治理需要司法、行政、行业的共同管理，需要第三方负责审查和认证的专门机构，以及独立的执法部门的参与。然而，当前在个人信息收集与持续的保护过程中，多部委监管在一定限度上影响了执法的稳定和可预期性。国家发展和改革委员会等十余个部门具有关于 App 个人信息收集使用的行政监管权与执法权，多头管理就会造成管辖权限范围不明确，不利于执法尺度和标准的统一。同时，要加强对信息治理的常态化管理与监督，创新监管和执行模式，建立科学完善的网络监控平台，加强实时监控、及时掌握披露信息，第一时间处理问题。

1.2.2.3　数据伦理安全尚未引起足够重视

信息技术是人类技术进步的产物，它在提高人们参与各类活动质量和带来社会巨大收益的同时，蕴藏着巨大伦理风险，甚至可能威胁到整个人类社会的健康与生存。例如，人工智能可使人类从一般的智能活动中摆脱出来，集中精力于发明发现，然而同人类一样聪明甚至超越人类智商的人工智能系统，一旦失去控制，可能给人类的生存带来威胁。

作为新兴技术之一的信息技术仍具有高度的不确定性，其引发的不良后果难以预测，且影响后果的因素复杂。这种不确定性使得事后干预措施的可控性非常渺茫。信息数据不仅是一种计算资源，而且是一种社会商品，具有商业价值。个人数据资产具备人格利益和财产利益的双重属性，其安全问题，尤其是应用平台对大量用户信息的滥用和商业化的加工带来了不同程度的社会信任危机。巨大的经济利润会诱使商家和滥用权力者通过信息干预人的自主权、侵犯人的隐私权。网络安全依旧是信息伦理的重要话题。网络的恶意攻击、网络犯罪、网络恐怖主义活动对社会、企业商业秘密和个人敏感信息的攻击都是信息社会的重要防范对象，给社会安全带来极大隐患。

一方面信息技术可被善意使用，为人类造福，另一方面它可被恶意使用，给人类带来祸患。信息技术与网络通信的发展为获取、加工、传播信息提供了极大的便利，也为盗版、剽窃、抄袭等不法行为提供了方便，这种极端化的行为挫伤了信息生产者的积极性。人工智能的"歧视"与"偏见"已经成为社会广泛讨论的话题。人工智能软件对于人类做出涉及未来的决策是否能够起很大的积极作用？人工智能根据大数据利用算法做出的决策是否都是准确的、可以被采纳的？机器算法的设计是否符合伦理要求？程序工程师的伦理规范是否成为其设计的智能产品的伦理标准？

人工智能作为解决金融、交通、城市建设、医疗等一系列迫切的社会问题的手段，对立法和公共政策的制定提出了更高的要求。在特定领域，如自动驾驶、机器人法官、律师、医生等相应类别的机器人在执行相应操作前是否需要取得驾照、律师资格、行医执照等行业相关部门的许可；人工智能生成内容是否属于智力创作的结果，是否具备著作权等问题；无人驾驶作为人工智能的具体应用，其碰撞算法带来的法律伦理问题等引起了社会的很大关注和争议。在现有民事法律体系之下，人工智能服务机器人作为权利客体（物）、法定支配权的对象，还不具备成为法律主体的条件。但是人工智能产品侵权现象已经频繁发生，人工智能服务的责任归属讨论愈发热烈。需要考虑特定场合中对相互冲突的利益进行道德判断和取舍，以及在此基础上如何调整法律理念、制定法律规范和分配法律责任，从而协同伦理和法律规范力量以维持社会公正。

信息化深入发展扩大社会交往的范围，提出更高的伦理道德要求。传统的社会交往主要局限于相对狭小的熟人范围，人们之所以遵守伦理道德在很大程度上是因为相对狭小的熟人圈子中无所不在的外在监督，并且一些人对伦理道德的信守主要局限于相对狭小的熟人圈子，对圈子之外的人则未必守信。现代社会交往日益突破传统的熟人交往范围，基于强大信息技术的互联网进一步打破传统交往的时空限制，使社会交往更具普通性。这就要求人们具备更高程度的道德自律、更高程度的宽容与尊重，从而促进形成以普遍的诚实、守信为价值基础的现代社会公德。虚拟现实/增强现实（Virtual Reality/ Augmented Reality，VR/AR）技术与各类虚拟场景的结合，使得大量年轻人沉迷于网络游戏和虚拟世界中，厌弃现实世界中的人际交往，这是对传统社会伦理生活的意义和价值的否定。烦躁、抑郁等精神问题在青年人群中高发，甚至无法将网络虚拟场景与现实场景进行有效的区分，引发实际的犯罪行为。

2019 年 7 月 24 日，中央全面深化改革委员会第九次会议审议通过了《国家科技伦理委员会组建方案》，这一重大举措开启了我国科技伦理治理制度化的历程，但方案的具体落实仍需时间⑬。

1.2.3　信息安全监管趋势

信息安全行业属于国家鼓励发展的高新技术产业和战略性新兴产业，受到国家政策的大力扶持，并受到国家政府部门的监管。近年来，我国颁布了《中华人民共和国国家安全法》《网络安全法》《密码法》等重要法规，并制定了《"十三五"国家信息化规划》《软件和信息技术服务业发展规划（2016—2020 年）》《信息通信网络与信息安全规划（2016—2020 年）》《工业互联网专项工作组2022 年工作计划》《信息安全技术网络安全等级保护基本要求》2.0 版本等政策及标准，从制度、法规、政策、标准等多个层面促进国内信息安全行业的发展。在政府部门设置中，负责网络信息安全行业要素监管的部门较多，如表 1.3 所示。

表 1.3　网络信息安全行业主要监管部门

主管部门	主要职能
中共中央网络安全和信息化委员会办公室	着眼国家安全和长远发展，统筹协调涉及经济、政治、文化、社会及军事等各个领域的网络安全和信息化重大问题；研究制定网络安全和信息化发展战略、宏观规划和重大政策；推动国家网络安全和信息化法治建设，不断增强安全保障能力
国家发展和改革委员会	组织拟订产业发展、产业技术进步的战略、规划和重大政策；做好相关高技术产业化工作，组织重大产业化示范工程；统筹信息化的发展规划与国民经济和社会发展规划、计划的衔接平衡；组织推动技术创新和产学研联合
工业和信息化部	制定并组织实施通信业的行业规划、计划和产业政策，提出优化产业布局、结构的政策建议，起草相关法律法规草案，制定规章，拟订行业技术规范和标准并组织实施，指导行业质量管理工作，组织协调并管理全国软件企业认定工作
公安部网络安全保卫局	主管全国公共信息网络的安全监察工作、网络信息安全及等级保护的监督管理工作和网络信息安全产品的销售许可工作等
国家密码管理局	主管全国商用密码管理工作，包括认定商用密码产品的科研、生产、销售单位，批准生产的商用密码产品品种和型号等

---

⑬　参见《习近平主持召开中央全面深化改革委员会第九次会议》。

续表

主管部门	主要职能
国家能源局	负责起草能源发展和有关监督管理的法律法规送审稿和规章,拟订并组织实施能源发展战略、规划和政策,推进能源体制改革,拟订有关改革方案,协调能源发展和改革中的重大问题;负责起草能源发展和有关监督管理的法律法规送审稿和规章,拟订并组织实施能源发展战略、规划和政策,推进能源体制改革,拟订有关改革方案,协调能源发展和改革中的重大问题
国家版权局	主管全国新闻出版事业与著作权管理工作,负责软件著作权的登记和管理工作
中国软件行业协会	通过市场调查、信息交流、咨询评估、行业自律、知识产权保护、政策研究等方面的工作,加强全国从事软件与信息服务业的企事业单位和个人之间的合作、联系和交流等

在网络信息安全的政策方面,中共中央、国务院和各部委发布了一系列政策文件,对网络信息安全的各个方面进行约束和监督,相关政策文件信息如表 1.4 所示。

表 1.4 网络信息安全行业的主要法律法规

发布时间	发文单位	政策名称	相关内容概要
2011 年	工业和信息化部	《关于加强工业控制系统信息安全管理的通知》	工业控制系统信息安全事关工业生产运行、国家经济安全和人民生命财产安全。文件强调了充分认识加强工业控制系统信息安全管理的重要性和紧迫性,明确了重点领域工业控制系统信息安全管理要求
2011 年	国务院	《进一步鼓励软件产业和集成电路产业发展的若干政策》	继续实施软件增值税优惠政策。进一步落实和完善相关营业税优惠政策,对符合条件的软件企业和集成电路设计企业从事软件开发与测试、信息系统集成、咨询和运营维护、集成电路设计等业务,免征营业税,并简化相关程序
2014 年	工业和信息化部	《关于加强电信和互联网行业网络安全工作的指导意见》	加大对基础电信企业的网络安全监督检查和考核力度,加强对互联网域名注册管理和服务机构以及增值电信企业的网络安全监管,推动建立电信和互联网行业网络安全认证体系
2014 年	国家发展和改革委员会	《电力监控系统安全防护规定》	加强电力监控系统的信息安全管理,防范黑客及恶意代码等对电力监控系统的攻击及侵害,保障电力系统的安全稳定运行
2016 年	国家互联网办公室、国家质量监督检验检疫总局、国家标准化管理委员会	《关于加强国家网络安全标准化工作的若干意见》	建立网络安全统筹协调、分工协作的工作机制;加强网络安全标准体系建设;提升标准质量和基础能力;强化网络安全标准宣传实施;加强国际网络安全标准化工作;抓好标准化人才队伍建设;做好资金保障

续表

发布时间	发文单位	政策名称	相关内容概要
2016 年	国家互联网办公室	《国家网络空间安全战略》	网络空间安全事关人类共同利益,事关世界和平与发展,事关各国国家安全。文件强调要求采取一切必要措施保护关键信息基础设施及其重要数据不受攻击破坏
2016 年	国务院	《"十三五"国家信息化规划》	组织实施信息安全专项,建立关键信息基础设施安全防护平台,支持关键基础设施和重要信息系统,整体提升安全防御能力。提升云计算自主创新能力。培育发展一批具有国际竞争力的云计算骨干企业,发挥企业创新主体作用,增强云计算技术原始创新能力,尽快在云计算平台大规模资源管理与调度、运行监控与安全保障、大数据挖掘分析等关键技术和核心软硬件上取得突破
2017 年	国家互联网信息办公室	《关键信息基础设施安全保护条例(征求意见稿)》	为了保障关键信息基础设施安全,根据《中华人民共和国网络安全法》,制定本条例。条例对关键信息基础设施范围、运营者安全保护以及产品和服务安全等进行了规定,明确运营者应当按照网络安全等级保护制度的要求,履行安全保护义务
2017 年	工业和信息化部	《信息通信网络与信息安全规划(2016—2020 年)》	紧扣"十三五"期间行业网络与信息安全工作面临的重大问题,对"十三五"期间行业网络与信息安全工作进行统一谋划、设计和部署
2017 年	工业和信息化部	《软件和信息技术服务业发展规划(2016—2020 年)》	发展信息安全产业,支持面向"云管端"环境下的基础类、网络与边界安全类、终端与数字内容安全类、安全管理类等信息安全产品研发和产业化。创新云计算应用和服务。支持发展云计算产品、服务和解决方案,推动各行业领域信息系统向云平台迁移,促进基于云计算的业务模式和商业模式创新
2017 年	中共中央网络安全和信息化委员会办公室	《国家网络安全事件应急预案》	建立健全国家网络安全事件应急工作机制,提高应对网络安全事件能力,预防和减少网络安全事件造成的损失和危害,保护公众利益,维护国家安全、公共安全和社会秩序
2017 年	工业和信息化部	《公共互联网网络安全威胁监测与处置办法》	积极应对严峻复杂的网络安全形势,进一步健全公共互联网网络安全威胁监测与处置机制,维护公民、法人和其他组织的合法权益

续表

发布时间	发文单位	政策名称	相关内容概要
2017 年	国务院	《关于深化"互联网+先进制造业"发展工业互联网的指导意见》	以全面支撑制造强国和网络强国建设为目标,围绕推动互联网和实体经济深度融合,构建网络、平台、安全三大功能体系,持续提升我国工业互联网发展水平,深入推进"互联网+",形成实体经济与网络相互促进、同步提升的良好格局
2017 年	工业和信息化部	《工业控制系统信息安全行动计划(2018—2020 年)》	支持建设工业控制安全靶场、仿真测试等共性技术平台,研发工业控制安全防护技术工具集,加强分区隔离、安全交换、协议管控等关键技术攻关。开展防护能力建设试点示范,形成可复制、可推广的安全防护整体解决方案。探索工业云、工业大数据等新兴应用的安全架构设计,开展工业互联网安全防护技术研究和创新
2018 年	中共中央网络安全和信息化委员会办公室、中国证券监督管理委员会	《关于推动资本市场服务网络强国建设的指导意见》	充分发挥资本市场在资源配置中的重要作用,规范和促进网信企业创新发展,推进网络强国、数字中国建设
2018 年	工业和信息化部	《工业互联网发展行动计划(2018—2020 年)》	2018—2020 年是我国工业互联网建设起步阶段,对未来发展影响深远。深入实施工业互联网创新发展战略,推动实体经济与数字经济深度融合
2018 年	工业和信息化部	《推动企业上云实施指南(2018—2020 年)》	推动企业利用云计算加快数字化、网络化、智能化转型,推进互联网、大数据、人工智能与实体经济深度融合
2018 年	工业和信息化部、国家发展和改革委员会	《扩大和升级信息消费三年行动计划(2018—2020 年)》	大力推动信息消费向纵深发展,壮大经济发展内生动力,在更高水平、更高层次、更深程度实现供需新平衡,优化经济结构,普惠社会民生
2018 年	国家能源局	《关于加强电力行业网络安全工作的指导意见》	加强全方位网络安全管理,强化关键信息基础设施安全保护,加强行业网络安全基础设施建设,加强电力企业数据安全保护,提高网络安全态势感知、预警及应急处理能力
2018 年	中共中央办公厅、国务院办公厅	《金融和重要领域密码应用与创新发展工作规划(2018—2022 年)》的通知	保障国家关键信息基础设施的安全,着力在金融和重要领域推进密码全面应用,着力在构建自主可控信息技术体系中推进密码优先发展,构建以密码技术为核心、多种技术相互融合的新网络安全体系,建设以密码基础设施为支撑的新网络安全环境

续表

发布时间	发文单位	政策名称	相关内容概要
2019 年	工业和信息化部等十部门	十部门关于印发《加强工业互联网安全工作的指导意见》的通知	为加快构建工业互联网安全保障体系，提升工业互联网安全保障能力，促进工业互联网高质量发展，推动现代化经济体系建设，护航制造强国和网络强国战略实施。其中"提升企业工业互联网安全防护水平""强化工业互联网数据安全保护能力"等被列入主要任务
2019 年	工业和信息化部	《关于促进网络安全产业发展的指导意见（征求意见稿）》	落实《中华人民共和国网络安全法》，到 2025 年培育形成一批年营收超过 20 亿元的安全企业，网络安全产业规模超过 2000 亿元
2020 年	公安部	《贯彻落实网络安全等级保护制度和关键信息基础设施安全保护制度的指导意见》	为深入贯彻落实网络安全等级保护制度和关键信息基础设施安全保护制度，健全完善国家网络安全综合防控体系，有效防范网络安全威胁，有力处置网络安全事件，严厉打击危害网络安全的违法犯罪活动，切实保障国家网络安全，特制定指导意见

《中华人民共和国网络安全法》是网络空间安全的基础法律，其中提到了三个核心保护制度：网络安全等级保护制度、用户信息保护制度、关键信息基础设施保护制度。网络安全等级保护制度和关键信息基础设施保护制度是网络安全法的两个重要组成部分，不可分割。关键信息基础设施保护制度是在网络安全等级保护制度的基础上，采取技术保护措施和其他必要措施，保障完整性、保密性和可用性。这两个制度同时兼顾了合规性和实用性要求，在网络安全法的支持下，给保护工作提供了法律保障。

2021 年 8 月 17 日，国务院第 745 号令《关键信息基础设施安全保护条例》（以下简称《条例》）公布，并于 9 月 1 日起施行。《条例》对关键信息基础设施运营者提出了一系列安全要求，属于法定义务，受到业界各方密切关注。《条例》的内容明确了定义和认定程序，确定了各部门的职责和分工，细化了责任主体的义务和要求，以及对违反条例的惩罚措施。随着《条例》的发布实施，关键信息基础设施进入强监管时代。

参考文献

[1] 新基建与传统基建的四个不同[J]. 当代党员, 2020(14): 13.

[2] 王驰, 曹劲松. 数字新型基础设施建设下的安全风险及其治理[J]. 江苏社会科学, 2021, (9): 1-12.

[3] 杨月涵. 适度超前基建数字经济发展驶入"快车道"[N]. 北京商报, 2021-09-07(2).

[4] 韩雅娟, 于德营, 姜硕. 推动北斗与新基建融合发展, 服务数字经济与数字中国建设[J]. 卫星应用, 2021(8): 33-37.

[5] 郭斌, 杜曙光. 新基建助力数字经济高质量发展: 核心机理与政策创新[J]. 经济体制改革, 2021(3): 115-121.

[6] 汪玉凯. "十四五"时期数字中国发展趋势分析[J]. 党政研究, 2021(4): 16-20.

[7] 张俊娥. 数字贸易重塑全球价值链的创新举措探讨[J]. 新疆社会科学, 2021(3): 48-59, 166.

[8] 卢迪, 赵晨歌. 5G"新基建"赋能新型数字阅读[J]. 中国编辑, 2021(4): 15-20.

[9] 吕延方, 方若楠, 王冬. 中国服务贸易融入数字全球价值链的测度构建及特征研究[J]. 数量经济技术经济研究, 2020(12).

[10] 刘斌, 潘彤. 人工智能对制造业价值链分工的影响效应研究[J]. 数量经济技术经济研究, 2020(10).

[11] 余淼杰. "大变局"与中国经济"双循环"发展新格局[J]. 上海对外经贸大学学报, 2020(6).

[12] 郝挺雷, 李有文. 新基建赋能文化产业高质量发展研究: 机制、挑战与对策[J]. 福建论坛(人文社会科学版), 2021(4): 41-51.

[13] 刘童桐. 数据中台建设中最重要的事[J]. 通信企业管理, 2019(7): 25-27.

[14] 栾群. 我国数据立法的 GDPR 启示——对欧洲数据治理模式的反思[J]. 西北工业大学学报(社会科学版), 2020(1): 99-108.

[15] 邵晶晶, 韩晓峰. 国内外数据安全治理现状综述[J]. 信息安全研究, 2021, 7(10): 922-932.

[16] 柳跃, 秦少星. 边缘侧实时数据采集在大屏可视化系统中的应用研究[J]. 中国设备工程, 2021(18): 19-21.

[17] 刘官硕, 王军. 数字防疫中个人信息利用和隐私让渡研究[J]. 青年记者, 2021(9): 87-89.

[18] 马茹. 大数据时代下 App 信息采集的法律风险与应对[J]. 法制与社会, 2021(8): 16-17.

[19] 高伟, 杨唯, 罗文福. 数字经济应用场景多点开花[N]. 贵州日报, 2021-09-23(6).

[20] 刘欣, 李向东, 耿立校, 等. 工业互联网环境下的工业大数据采集与应用[J]. 物联网技术, 2021, 11(8): 62-65, 71.

[21] 朝乐门, 邢春晓, 张勇. 数据科学研究的现状与趋势[J]. 计算机科学, 2018, 45(1): 1-13.

[22] 刘廉如, 张尼, 张忠平. 工业互联网安全框架研究[J]. 邮电设计技术, 2019(4): 53-57.

[23] 中国工业互联网产业联盟（AII）《工业互联网安全框架》、中国通信标准化协会（CCSA）《工业互联网平台安全防护要求》《工业互联网数据安全保护要求》《工业互联网安全接入技术要求》《工业互联网网络安全总体要求》.

[24] 王国法, 杜毅博. 煤矿智能化标准体系框架与建设思路[J]. 煤炭科学技术, 2020, 48(1): 1-9

[25] 杨敏, 夏翠娟, 颜佳. 数字人文视域下图像库建设的现状分析与趋势前瞻[J]. 图书馆杂志, 2021, 40(4): 90-99.

[26] 曾华, 徐英荣, 李方平, 等. 推进全方位全链条打击精准防范电信网络诈骗[N]. 人民法院报, 2021-09-30(8).

[27] 易涛, 葛维静, 邓曦. 网络攻击技术分层方法研究[J]. 信息安全与通信保密, 2021(9): 74-82.

[28] 陈胜华. 5G 时代物联网安全的探讨[J]. 网络安全技术与应用, 2021(8): 82-84.

[29] 徐虹, 于丽华. 金融机构互联网终端行为的安全管理亟待加强[J]. 金融电子化, 2019(6): 19-20.

[30] 邰江丽. 关于 App 收集个人信息实务及规范研究[J]. 北京航空航天大学学报(社会科学版), 2019, 32(4): 7-12.

第 2 章
新基建信息基础设施技术及安全需求

2.1 5G 技术

以数字化、网络化、智能化为主要特征的第四次工业革命蓬勃兴起，5G 作为支撑经济社会数字化转型的关键新型基础设施，将推动大规模创新创造，开启一个突破传统、加速进步的全新数字时代。世界各国普遍认识到 5G 将成为产业、商业和社会成长的重大机遇，纷纷出台相关战略和政策，抢抓 5G 网络建设主导权。伴随着 5G 技术的逐步落地，互联网的发展也将从移动互联网时代进入智能互联网时代。

2.1.1 5G 技术特点

5G 技术的不断发展，将会极大推进物联网、VR/AR、远程医疗、自动驾驶等技术和应用场景的拓展。5G 在 4G 基础上对移动通信的传输速率提出了更高要求，不仅在速度方面，还在功耗、时延等多个方面有了新的提升。5G 作为新一代无线移动通信网络，主要用于满足 2020 年以后的移动通信需求。在高速发展的移动互联网和不断增长的物联网业务需求的共同推动下，要求 5G 具备低成本、低能耗、安全可靠的特点，同时传输速率提升 10～100 倍，峰值传输速率达到 10 Gbit/s，端到端时延达到毫秒级，连接设备密度增加 10～100 倍，流量密度提升 1000 倍，频谱效率提升 5～10 倍，能够在 500 km/h 的速度下保证用户体验。5G 将使信息通信突破时空限制，给用户带来极佳的交互体验，极大缩短人与物之间的距离，并快速地实现人与万物的互通互联。

目前，国际标准化组织 3GPP 为 5G 定义了三大应用场景。

（1）1 Gbit/s 的用户体验速率：增强移动宽带（Enhance Mobile Broadband，eMBB）。

（2）每平方千米百万级的终端接入：海量机器类通信（Massive Machine Type of Communication，mMTC）。

（3）毫秒级的时延：超高可靠超低时延通信（Ultra-reliable Low Latency Communication，uRLLC）。

eMBB 是最贴近日常生活无线网络的应用场景，用户直观的感受是网速大幅提升，在线观看 4K 高清视频，传输峰值能够达到 10 Gbit/s。根据 Cisco 发布的数据，在 2016—2021 年，全球 IP 视频流量增长约 3 倍，同期移动数据流量增长约 7 倍，eMBB 在大流量移动宽带业务中将带来用户体验的大幅提升。

mMTC 是随着大范围覆盖的 NB-IoT、远距离无线电（Long Range Radio，LoRa）等技术标准出炉的，重点解决传统移动通信无法很好地支持物联网及垂直行业应用的问题。低功耗大连接场景主要面向智慧城市、环境监测、智能农业、森林防火等以传感和数据采集为目标的应用场景，具有小数据包、低功耗、海量连接等特点。全球移动通信系统协会（GSMA）发布的全球物联网市场报告显示全球物联网市场（包括连接、应用、平台与服务）到 2025 年将达到 1.1 万亿美元，全球范围内将会有 18 亿移动物联网（Mobile IoT）连接（共31 亿蜂窝物联网连接）、138 亿工业物联网连接（其中 63 亿在包括中国的亚太地区，占总数的 65%）。作为 5G 新拓展出的场景，mMTC 是目前最为关注的技术。

uRLLC 的特点是高可靠、低时延和极高的可用性，实现了基站与终端间上下行均为 0.5 ms 的用户面时延。可以触及的应用场景有工业应用和控制、交通安全和控制、远程制造、远程培训、远程手术等。无人驾驶领域安全可靠的要求极高，传输时延需要低至 1 ms，uRLLC 助力边缘计算能力，也将在无人驾驶业务方面发挥巨大潜力。

5G 与前几代移动通信技术性能指标对比如表 2.1 所示。

表 2.1　5G 与前几代移动通信技术性能指标对比

技术代次	系统名称	多址方式	调试方式	通道频宽/Hz	数据传输速率/(bit·s)⁻¹		频谱效率/[bit·(s·Hz)]⁻¹	
					上传	下载	上传	下载
2G	GSM	FDMA TDMA	GMSK	200×10^3	9.6×10^3	14.4×10^3	0.05	0.07
2.5G	GPRS		GMSK	200×10^3	9.6×10^3	115×10^3	0.05	0.58
2.75G	EDGE		BPSK	200×10^3	384×10^3	384×10^3	1.92	1.92
3G	WCDNA	FDMA CDMA	QPSK	5×10^6	64×10^3	2×10^9	0.01	0.40
3.5G	HSDPA		16QAM	5×10^6	384×10^3	14.4×10^9	0.08	2.88
3.75G	HSUPA		QPSK	5×10^6	5.76×10^3	14.4×10^9	1.15	2.88
4G	LTE	OFDMA	64QAM	20×10^6	50×10^3	100×10^6	2.5	5.00
4G	LTE-A	OFDMA SC-FDMA	64QAM	100×10^6	500×10^3	1×10^9	5.00	10.00
5G	NR	OFDMA SC-FDMA NOMA	256QAM 512QAM	$10\times10^6\sim 200\times10^6$		1×10^9		30.00

面向新基建信息技术发展变革时期，5G 技术发展呈现出新的特点，具体如下。

（1）5G 研究在推进技术变革的同时将更加注重用户体验，网络平均吞吐速率、传输时延以及对虚拟现实、3D、交互式游戏等新兴移动业务的支撑面向能力等将成为衡量 5G 系统性能的关键指标。

（2）与传统的移动通信系统理念不同，5G 系统研究不仅仅把点到点的物理层传输与信道编译码等经典技术作为核心目标，而是从更为广泛的多点、多用户、多天线、多小区协作组网作为突破的重点，力求在体系构架上寻求系统性能的大幅度提高。

（3）室内移动通信业务已占据应用的主导地位，5G 室内无线覆盖性能及业务支撑能力将作为系统优先设计目标，从而改变传统移动通信系统"以大范围覆盖为主、兼顾室内"的设计理念。

（4）高频段频谱资源将更多地应用于 5G 移动通信系统，但由于受到高频段无线电波穿透能力的限制，无线与有线的融合、光载无线组网等技术将被更为普遍地应用。

（5）可"软"配置的 5G 无线网络将成为未来的重要研究方向，运营商可根据业务流量的动态变化实时调整网络资源，有效地降低网络运营的成本和能源的消耗。

体系结构变革将是新一代无线移动通信系统发展的主要方向。现有的扁平化 SAE/LTE（System Architecture Evolution/Long Term Evolution）体系结构促进了移动通信系统与互联网的高度融合，高密度、智能化、可编程则代表了未来移动通信演进的进一步发展趋势，而内容分发网络（Content Delivery Network，CDN）向核心网络的边缘部署，可有效减少网络访问路由的负荷，并显著改善移动互联网用户的业务体验。

（1）超密集组网：未来网络将进一步使现有的小区结构微型化、分布化，并通过小区间的相互协作，化干扰信号为有用信号，从而解决小区微型化和分布化所带来的干扰问题，并最大限度地提高整个网络的系统容量。

（2）智能化：未来网络将在已有自组织网络（Self-Organized Network，SON）技术的基础上，具备更为广泛的感知能力和更为强大的自优化能力，通过感知网络环境及用户业务需求，在异构环境下为用户提供最佳的服务体验。

（3）可编程：未来网络将具备软件可定义网络（Software Defined Network，SDN）能力，数据平面与控制平面将进一步分离，集中控制、分布控制或两者的相互结合，将是网络演进发展中需要解决的技术路线问题；基站与路由交换等基础设施具备可编程与灵活扩展能力，以统一融合的平台适应各种复杂的及不同规模的应用场景。

（4）内容分发边缘化部署：移动终端访问的内容虽然呈海量化趋势，但大部分集中在一些热点内容和大型门户网站，在未来的 5G 网络中采用 CDN 技术将是提高网络资源利用率的重要潜在手段。

"4G 改变生活，5G 改变社会"。与前几代移动通信技术变革不同，5G 技术的商用不仅仅是网络的升级，更是信息交互的升级，是由"人人互联"迈向"万物互联"的技术基础。跨行业、跨领域、跨地域的信息将借由 5G 网络进行采集、传输和深度融合。在 5G 面向更广泛的应用场景的同时，网络安全风控的压力也更大，如在工业互联网、车联网等高技术敏感度方面的应用，5G 的密集组网技术、5G 和 4G 的交叉组网现状、多连接的安全性等方面都将受到极大的考验。同时 5G 技术将带来众多虚拟场景的实际应用，虚拟现实和增强现实的能力结合人工智能技术场景，也会带来诸多伦理问题的讨论。

自从国家将 5G 纳入信息基础设施战略规划，5G 建设在中国便进入了快车道。工业和信息化部发布数据显示，截至 2022 年 4 月底，全国已建成 5G 基站总数达 161.5 万个，占移动基站总数的 16%，三大运营商的移动电话用户总数达 16.6 亿户，5G 移动电话用户达 4.13 亿户。目前 5G 网络已覆盖我国所有地市级和县城城区以及 87%的乡镇镇区，覆盖面在全球领先。

2.1.2　5G+新基建应用场景

1. 5G+新零售

5G 技术将给智慧零售带来巨大发展机遇，会加速智慧零售的全面爆发，高个性、高体验、高智能的智慧零售时代即将到来。互联网让实物商品变得虚拟化，突破地理距离的限制；移动互联网使大众上网更便捷，信息载体随身携带，缩短了商品距离；5G 作为新一代移动通信技术，会让移动互联网的速度、带宽、稳定性发生质的飞跃。5G 技术将带来更深层次的信息交互能力，由此催生出智慧零售新产品，能够更加迅速、更加智慧、更加贴心地满足消费者各种需求。

在 5G 技术支持下，地理距离的限制将进一步消除，随之而来的是更周全、更贴心的服务。5G 带来的将是无障碍的数字化、信息化世界，未来消费者可以在任何时候、任何地点、任何终端上，获取任意商品的全方位立体信息，并且"无感"完成交易。5G 将彻底改变大众对零售的传统思维观念，重构商品、消费者、场景的关系，为智慧零售带来全新发展机遇。

5G 技术的到来，有助于线下数据采集，建立全链路数字化运营管理模式，提升线上线下一体化能力。电商模式创新的典型代表之一是社交类电商，其具备贴近用户、实惠和优质体验等优势。5G 技术可以推动高清视频、AR/VR 在社交中的应用，提升"种草力"和转换率，助力社交电商良性发展。用户直连制造（Customer-to-Manufacturer，C2M）模式的去中间化发展是重要趋势，其本质是通过供需两端大规模高速的信息交互与匹配，满足用户个性化、多元化需求。5G 技术可以将消费者、零售商和品牌商连接起来，在很大程度上提高各终端协同效率，实现真正以消费者需求为中心，顺应当今消费者追求高性价比、个性化、非品牌化的趋势；5G 网络切片也能让网络性能在不同需求和场景中灵活发挥最好性能，支撑 C2M 定制化生产链上的丰富应用。线下模式创新主要围绕消费者多元化需求构建门店生态，5G 技术可以为非标商品提供更多维度的信息展示形式，以赢取消费者信赖。

伴随着各类型智能终端的大量应用，5G 时代将打造零售新场景。在社区/生活场景中，消费者可在更近距离、更丰富场景下获取货品信息，并且一键购买。对于生活场景中高频使用的货品，将出现自动补货模式和服务。以书籍和报刊订阅为例，在未来其可能被智能书柜取代。在虚拟购物场景中，VR/AR 技术将突破线上和线下购物场景边界。在线上购物场景中，通过 VR/AR 终端设备，消费者可以足不出户地进入身临其境的购物环境中，试穿、试戴各类服饰饰品，体验和试用电子产品；在线下门店中，运用全息投影等技术，顾客在逛店过程中能够获得更加丰富的、立体的产品信息；在门店缺货情况下，后台通过虚拟调货可迅速为顾客展示海量货品和款式，在提供沉浸式虚拟选购环境的同时，避免不必要的时间成本。在娱乐化场景中，5G 结合高清技术、VR/AR 技术，将给用户带来体育赛事、演出活动和展会身临其境的体验。综合以上分析可以判断，5G 技术带来的大连接、高带宽等特性催生出诸多零售新场景，一方面使已有场景更加便捷化、智慧化，另一方面使终端消费者产生了新需求，改变了大众消费习惯和生活方式。

5G 技术能够显著提升现有 C 端产品性能。例如，5G 网络支持的手机，能够呈现远超 4G 手机的视频流畅度和清晰度，为用户提供高质量视听感受；再如，以实景地图导航为例，5G 使海量数据传输成为可能，通过直接传输原始数据，在云端完成计算和渲染，降低手机端计算量，降低功耗从而避免卡顿和发热。5G 让万物互联，也会催生更多物联网（Internet of Things，IoT）智能设备在智慧家庭中的应用。5G 网络极大提高了智能设备之间的交互程度，在智能家居产品中实现真正的信息共享、无缝对接。除此之外，5G 驱动的智能服务机器人，将迎来更加聪明的云端人工智能（Artificial Intelligence，AI）大脑，语音交流将更加流畅。5G 的高带宽、高网速使得本地机器人与云端之间能够瞬时传输高纬度的数据和 AI 模型，并实时回传处理结果。智能机器人能够保证时刻在线、流畅运行，在社区服务、门店导购、家政服务中将进一步得到广泛应用。依托网络的低时延特性，5G 技术能够在毫秒级实现电子价签同步变价，依据市场动态实时调整价格策略。

2. 5G+教育

5G 教育应用能在最大程度上克服传统技术存在的速率、时延和容量等限制，为教育变革提供更强大的动力支持，重构教育的整体架构和核心业务。为此，一方面，需要积极采用 5G 移动网络、物联网、人机互动及虚拟现实等数字化技术；另一方面，需要将 5G 与教育进行整合，推广线上线下混合式教学、微课程、直播教学等新型教学模式。通过 5G 与教育的有机融合，可完善解决教育教学实践工作中存在的诸多不足，实现信息化教育形态的重大变化。

我国正处在"教育信息化 2.0"发展时期。5G 在线上线下教育场景的覆盖实现，将积极推进教育信息化建设，从整体上完善包括基础设施、数据支撑、平台能力、业务应用和用户等为一体的"智慧教育"基础架构。具体来讲，主要体现在两大方面。一是完善智慧教育基础设施，构建高质量的校园网络。由于宽频带大带宽、LDD 子帧设计、低密度奇偶校验码（Low Density Parity Check Code，LDPC）信道编码、多输入多输出（Multiple Input Multiple Output，MIMO）系统天线等技术，5G 性能得到大幅度提升，超高速率、超大宽频、超低时延、边缘计算和管控能力使其成为智慧教育的基础。学校可以通过 5G 实现海量数据和信息的实时传输，而且可通过计算机、手机、平板、传感器和摄像头等设备进行全校的物联网布局，实现课堂教学、课外学习和教育管理等环节的全面应用。二是提供详实的智慧数据支撑，实现教育教学数据共享共建。教育活动无时无刻不在产生数据，如全国每天都会产生约 1 亿小时的课时数据，但这些数据并没有得到有效利用。究其原因主要为：大部分数据是非结构化数据（如视频、音频、文本等），处理和分析这些数据需要借助 AI 技术；视频数据传输对网络速度、带宽和时延等有较高的要求。这些问题在 5G 环境下将很容易地得到有效解决。5G 将成为打通当前教育教学"数据孤岛"的关键。借助于 5G 的支持，学校可构建出融校园管理、教学教研、学生个人情况（学习进度、兴趣等个性化学习报告）为一体的数据库。以大数据为基础，学校管理、教学教研和"以学定教"的个性化培养将得到客观精准的智慧支持。

基于 5G 和其他新兴相关信息技术，现有课堂教学结构或将在以下 4 个方面重构，教师的学习能力和组织能力也将被提出更高的要求。一是改变课堂教学活动的主体。课堂从教师主导转为学生主导，课堂形式从教师讲授变为学生研讨，从教师备课决定教学内容转为以学生学习进度来决定教学内容。研讨型课堂教学正是这种教学结构模式变革的积极探索。二是增加信息化和智能化的教学环境。AI 教学技术、远程直播高清互动课堂、虚拟现实与增强现实教学会在校园得到普及，分散的教学软硬件系统将得到更为有效的整合，可视化、移动化和便携化的智能设备成为现代教学环境的显著特色，学生将会获得更加卓越的学习体验。三是打通线上线下教学，使在线教育、学校教育、校外教育三者之间形成有益的相互补充。未来教育将由三部分组成，分别是学校教育解决底线问题、线上教育解决个性化问题、校外学习提供各种兴趣爱好。四是实现智慧教学测评。智慧教育场景中，学生的课堂学习数据、课后复习数据和考试数据等会实现数据融合，学生的学习过程和学习效果将得到全方位、立体化即时测评。根据学生的个性化学习报告（学习兴趣、专注力、坐姿视力疲劳度和学习优缺点等数据），教师可有针对性地开展辅导，将大大提升教师的教学效率和学生的学习效果。

3. 5G+智能制造

5G 技术和工业互联网的发展推动了制造业向智能制造时代迈进。在智能制造场景中，制造活动的智能源于信息技术对数以百万计的传感器感知生产环境信息、产品状态信息和设备运行信息数据进行抓取和使用的过程。庞大的数据流动和海量节点接入对通信技术产生了巨大的需求。传统的有线通信技术存在线路布局复杂、不能灵活部署的缺点；Wi-Fi、Zigbee、蓝牙、GSM、GPRS、3G、4G 等无线通信技术的传输速率、节点连接、时延、可靠性和安全性不足以满足智能制造的需求。5G 技术的出现弥补了这一空缺，在与其他通信技术集成共同使能下，成为智能制造对通信需求的绝佳解决方案。

工业发展进程正在从企业产品牵引用户需求转变为用户需求引领企业生产，智能制造将会改变传统制造从生产环节降本增效的模式，进而转向提供高附加值的衍生服务，从智能产品到提供智能服务以实现附加值提升。智能制造通过技术创新、工艺创新和专业化协作向用户的个性化需求提供以用户为中心的制造服务体系，可以为消费者提供基于产品制造全生命周期的智能服务。

工业互联网平台对网络提出了各种各样的要求，如性能（时延、吞吐量、更低能耗）、安全性和可靠性等。5G 无线通信技术的引入将解决性能安全性的问题，并在工业系统中提供高可靠性、高速传输和高密度节点部署的服务。无线通信技术的进步，特别是在无线传感器网络领域的进步，使得无线技术成为工业互联网研究和创新的重要组成部分。基于无线移动技术支持的工业互联网架构，由应用程序层、平台层、网络互连层以及感知控制层组成，形成了制造企业调动制造资源为消费者生产智能产品和提供智能服务的协作平台。其中，网络互连层是感知控制层和平台层之间的桥梁，是工业互联网架构的重要组成部分。网络互连层由外部部分和内部网络部分组成，外部网络包括互联网、虚拟专用网络（Virtual Private Network，VPN）和无线接入网等，内部网络包括企业信息系统、现场总线和工业以太网等。基于无线移动技术支持的工业互联网架构如图 2.1 所示。

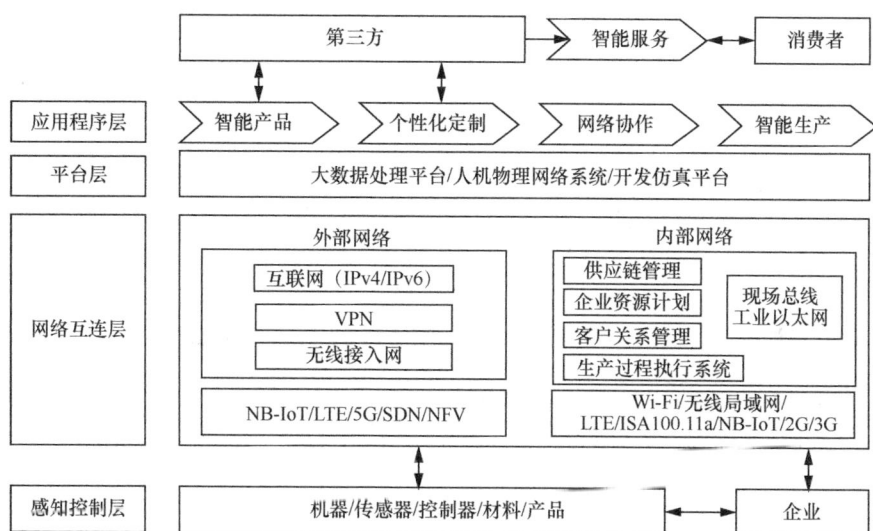

图 2.1　基于无线移动技术支持的工业互联网架构

4．5G+无人驾驶

随着车联网技术的发展，越来越多的自动控制技术被运用到汽车上。智能联网汽车被认为是产业的发展方向，其对提高交通效率，改善司乘出行感受具有重要意义。2018 年以来，工业和信息化部陆续发布了多个推动智能联网汽车发展的政策性文件。2021 年 8 月 20 日，由工业和信息化部提出、全国汽车标准化技术委员会归口的 GB/T 40429—2021《汽车驾驶自动化分级》推荐性国家标准由国家市场监督管理总局、国家标准化管理委员会批准发布，并于 2022 年 3 月 1 日起实施，这意味着自动驾驶技术将走向实际的应用，5G 在上述政策的指引下将会进一步助力自动驾驶技术中关键技术的发展。

无人驾驶车辆中的感知系统由超声波雷达处理单元和视觉感知处理单元组成，超声波雷达处理单元由多个超声波雷达及雷达控制器组成，通过超声波雷达采集车辆与障碍物之间的距离信息，并在处理之后将该距离信息发送给路径规划决策单元用于路径规划以躲避障碍物。视觉感知处理单元由多个高清广角摄像头和视觉处理控制器组成，高清广角摄像头采集自动驾驶车辆周围的全景图像发送给视觉处理控制器处理。在无人驾驶车辆的感知系统中安装 5G 通信模块，将其接入 5G 通信网络，可以有效降低无人驾驶车辆感知系统中传感器本身数据计算和处理的要求，处理后的图像信息通过 5G 网络发送给远程控制云平台来实现无人驾驶车辆的远程驾驶控制，通过 5G 网络发送采集的环境信息，能够实现对环境信息的高速和及时处理，从而提供更精确的远程控制。

沿道路的各个路段铺设多个 5G 基站，5G 基站能够为无人驾驶车辆提供更加精确的定位，同时 5G 网络保障了障碍物信息上报和反馈的实时性。无人驾驶车辆通过感知系统中各个传感器的协同感知来判断行驶路径中障碍物的位置、大小以及与车辆的距离等，通过 5G 网络的精准定位和远程控制云平台的控制算法完成高精度的自主避障，感知系统将感知的障碍物信息和路径轨迹信息上传至远端控制云平台，云平台记录新的路径更新轨迹从而为下一次的路径规划提供依据。另外，5G 网络技术有助于车辆之间保持安全的行驶距离，5G 基站将车辆的实时速度信息，车辆头部和尾部的位置信息实时传输给远端控制云平台，从而使得无人驾驶车辆根据远端云平台传输的信息判断本车与前车之间的安全间距。

5G 网络用于无人驾驶车辆向远端控制云平台传递请求的路径规划方案，无人驾驶车辆同时将自身的位置信息和目的地信息通过 5G 网络发送给远端控制云平台，远端控制云平台计算得出路径规划方案之后通过 5G 网络下达给无人驾驶车辆。在无人驾驶车辆根据规划路径进行驾驶的过程中，无人驾驶车辆的感知系统实时进行协同感知，并通过远端控制云平台实时通过 5G 网络更新路径规划方案。随着 5G 网络技术的发展，道路设施更加完善，5G 网络技术与车联网的结合会更加紧密，无人驾驶数据和控制指令的传输时延会进一步降低，汽车行驶的灵敏性也会进一步提高，我国的自动驾驶市场具有巨大的潜在消费市场。

2.1.3　5G 应用中的安全需求

1. "虚拟现实" 并非现实

5G+VR/AR/XR 在医学领域、建筑设计、生活体验方面都将带来 "体验革命"，随着技术的进步和应用场景的加深，人们将体验 "虚拟" 和 "现实" 间的无缝穿梭。大量的心理学实验证实，人类大脑具有可塑性，容易被环境无意识地改造。虚拟现实可能会对人的行为产生影响，而这种影响会延续到现实世界中。不仅如此，虚拟现实涉及的虚拟场景的设置标准是否需要伦理检验、虚拟场景的操控伦理、责任主体间的法律关系等诸多伦理和规制需要在虚拟现实被广泛推向市场的过程中实现对社会伦理和法律关系的构建。

2. 智能家居的安全隐患

5G 技术对物联网的支持，使家庭智能设备涵盖了广泛的范围和深入的应用场景。但规模数量巨大的、可以被远程控制的智能家电在物联网设备中属于安全性较低、极易被攻击的设备群体。设备拥有大量高度关联、有明确指向性的个人信息，包含生活习惯、偏好、认知等高度敏感的数据，系统攻击将造成严重的身份信息失窃，并且通过控制家中的设备（如门锁、炉灶、水池等）会造成事实性的灾难事件发生。智能家居的认证机制、平台的数据保护系统、网络端口数据的泄露等都可以成为个人信息隐私保护的薄弱环节，智能摄像头、智能音箱、儿童监视器等被黑客入侵的案件已发生数起，在伦理和法律上都给智能家居的安全性带来了巨大的拷问。

同时"僵尸网络"这种不定向的大范围攻击会伴随着智能家居的广泛使用而出现。研究人员发现了飞利浦 Hue 智能灯泡的一个漏洞，这个漏洞可能让攻击者用一种恶意软件感染一个灯泡，然后恶意软件通过网络控制任何 400 m 范围内的 Hue 灯泡，最终影响一个城市内的所有这类灯泡，从而给整个城市秩序造成影响。

3．无人驾驶汽车的"盲区"

对于自动化交通运输而言，伦理问题事关重大，也极为复杂。智能汽车的 GPS 服务、最佳路线模拟、路况实时分析，已经让开车变得容易而惬意，更大的伦理困境，则留给了"无人驾驶"。"我们究竟应把多大的操控权交给机器？""生死谁定"是长久以来无人驾驶汽车伦理问题的讨论焦点。机器对路况和驾驶情况的反馈可以分解为车辆状态信息获取、地图及路况获取、计算目标点、局部路径规划、全局路径规划等多个步骤。每个图像传输过程和计算过程都将产生时延,而等待反馈的 0.01 s 都会给高速驾驶的汽车带来巨大的安全隐患。

5G 的 uRLLC 技术结合边缘计算虽可以大幅减少时延问题，但网络的覆盖能力和数据中心的处理速度依旧是无人驾驶技术走向市场的瓶颈。目前的无人驾驶，都是在超低速度的情况下进行检验和测试的，即使在如此低速的情况下，无人驾驶的测试依旧出现各种问题，深层次的伦理问题虽然引发了社会众多讨论，但面对技术瓶颈，讨论依旧为时过早。

2.2　大数据技术

数据中心成为新基建的重要支点。作为算力基础设施的主要形态，数据中心为海量数据信息的集中处理、保存、传输、交换和管理提供了所需的计算资源、存储资源、网络资源以及必要的物理空间，但其价值不仅仅体现在为信息化和相关下游数据产业提供必要的基础物理保障。伴随着物联网、人工智能、5G 商用、区块链和工业互联网海量数据挖掘需求激增等外部驱动，新一代数据中心正在为相关产业提供信息数据的分析加工、要素匹配、技术扩散等算力支撑，从而成为信息化产业中各项信息技术交叉融合相互催化的核心中枢。总之，数据中心因为其所具备的基础支撑加头部引领的巨大作用，正在成为推动国家和地区经济高质量发展的核心动能。

大数据是一个宽泛的概念，通常是指大规模数据或"海量数据"。马丁·希尔伯特认为，今天常说的大数据其实是在 2000 年后，因为信息交换、信息存储、信息处理三个方面能力的大幅增长而产生的数据。维基百科对大数据（Big Data）的定义是无法在一定时间范围内用常规软件工具进行捕捉、管理和处理的数据集合，是需要新处理模式才能具有更强的决策力、洞察发现力和流程优化能力的海量、高增长率和多样化的信息资产。

2.2.1　大数据技术特点

IBM 公司提出大数据的 5V 特点：Volume（大量）、Velocity（高速）、Variety（多样）、Value（低价值密度）、Veracity（真实性）。大数据技术的战略意义不在于掌握庞大的数据信息，而在于对这些含有意义的数据进行专业化处理。换而言之，如果把大数据比作一种产业，那么这种产业实现盈利的关键在于提高对数据的"加工能力"，即通过"加工"实现数据的"增值"，数据的价值在于挖掘。

在小数据时代，人类的思想和行为可以通过文字、图片以及人类对自然的改变印记等留下人类活动的轨迹，称之为物理足迹。在大数据时代，除去传统的物理轨迹之外，还会留下数据轨迹。个体的思想和行为信息通过智能终端被采集，并以数据的形式被记录下来，通过网络快速传输并存储在云端之中。区别于物理足迹，数据足迹不受时空的限制，可以快速存储和传播，这同时造成了数据的强行记录。

2.2.2　数据中心建设

我国数据中心及其算力分布呈现出明显的集群效应。其中，以京津冀、长三角、华南、川渝为主要代表的大型城市集群在数据中心和算力供给密度上远高于全国其他地区，相关产业的算力规模、算力类项和算力收益方面的驱动力尤为突出，事实上已经在数字化竞争中抢占先机；而东北、中部、陕甘宁、云贵等地区虽然基础薄弱，但通过电价、气候、土地、政策等优势，正在加快补足欠发达地区数据中心建设的短板。在数据作为重要的生产要素开始逐步向传统行业渗透的过程中，我国数字化发展进程中出现了明显的一些结构性特征和阶段性趋势。这些特征和趋势是进行区域和行业算力布局规划需首要考虑的内容，也是在新基建浪潮下制定全国数据中心算力布局顶层设计、统筹推进、科学推动和持续发展的根本参考。

不同数据中心之间在逻辑上需要形成一个整体，确保在算力生产、供给、分配和交换上满足不同地区、不同业务、不同用户的需求。同时，边缘数据中心因其在低时延、多样性、异构化数据处理场景中的重要作用，今后必然会在区域内数据中心集群中占有相当比例，与传统集中式数据中心在算力供给上协同工作。所以业务发展和技术演进都需要分域分层、分类分级，对不同数据中心、不同类型算力进行统一管理和动态调度。同时，随着数据中心承载业务、租户用户和互联节点范围的扩大，其安全防护的需求也进一步扩大，传统的网络隔离、纵深防御和互补协同的安全方案在解决分布式、扩散式、智能化攻击时的缺陷逐步暴露。因此，各数据中心要积极适应资源平台和业务系统集中化要求，建设与信息安全愿景、目标、策略同步适应的集中化安全体系，实现安全能力的集中动态配置与供给。典型业务场景与数据中心部署对照如表 2.2 所示。

表 2.2　典型业务场景与数据中心部署对照

类型	时延要求	业务场景	数据中心部署建议
极低时延	不大于 10 ms	云桌面、车联网、自动驾驶和银行证券等行业的实时高频交易业务等	近端不大于 30 km
低时延	不大于 20 ms	4K/8K 高清直播、游戏、工业机器视觉、远程现场、远程控制、远程监控、远程管理分析和智能交通等	次近端（30～100 km）
中等时延	不大于 50 ms	网页浏览、非直播视频音频、健康诊断和智慧政务等	周边（100～300 km）
高时延	不大于 100 ms	人工智能训练任务、大数据分析、邮箱和备份存储等	远端大于 300 km

2.2.3　大数据赋能新基建

1. 大数据赋能公共医疗

伴随医院业务的发展，医院对信息化的需求不断扩展。以数据为中心的视角和思维模式，驱动医疗业务的新变革和新发展，具体表现在智慧医疗、智慧管理、智慧服务等方面。首先，在智慧医疗方面，满足医生基本业务需求的同时，医学知识与大数据、人工智能等信息技术相互结合，能够为医生提供必要的医疗数据查阅、医疗知识提醒、临床辅助决策等功能。其次，在智慧管理方面，不仅需要看到医院各部门的静态统计报表，更需要全方位多层次多维度地了解医院的投入、产出、成本等实时指标，大数据分析和人工智能技术为医院运营管理提供更深的洞察和更敏捷的反应，为决策提供数据支持。最后，在智慧服务方面，从预约挂号、远程医疗服务、移动支付、药物配送，到基于人工智能的健康管理、智能问诊，未来的互联网医疗服务有着无限的发展空间。

同时，医疗大数据在临床科研、公共卫生及产业发展等方面作用突出。医疗大数据应用主要指将各层次与医疗有关的信息和数据，利用互联网及大数据技术进行共享、挖掘和分析，为科学研究我国医疗健康现状、提升医疗技术质量、推动医疗科技创新、更好服务群众健康需求等提供有价值的依据，使医疗行业监管更加科学、运行更加高效、科技创新更加精准、患者的获得感更多。

从临床操作看，共享大数据的运用可以提高医学科学研究的有效性和针对性，创造出更加符合临床需要、成本效益更高的技术和产品。从医院管理看，共享大数据能科学分析并对比医院管理的优势和短板，帮助提升医院管理水平和服务效率。从公共卫生建设看，分析疾病模式和追踪疾病暴发及传播方式途径，可提高公共卫生监测和反应速度，及时准确制定和实施防控措施。从医疗科技创新看，共享大数据的应用有利于建立更精简、更快速、更有针对性的研发和转化落地体系。从医疗保险看，共享大数据的价值在于制定精准的保险服务业务，提高医疗行业和患者的抗风险能力。从患者角度看，能更加便捷全面地了解和参与疾病的诊治过程，获得更多诊疗信息，并进行科学的自我健康管理。

大数据治理有助于公共卫生应急管理体系建设快速发展，从而使国家、社会及民众能够更从容地应对公共卫生事件，尽可能降低其危害性。充分发挥大数据技术在疫情防控中的作用，保证公共卫生事件的监测预警工作、医疗防控救治工作以及应急资源调配工作等高效精准实施。将大数据技术运用于公共卫生应急管理中能够提高其决策水平，并转变决策方式，使决策方式从经验决策转变为数据决策，由事后经验总结转变为事前及时预警。另外，面向公共卫生事件的大数据治理对跨部门数据对接、信息共享以及组织间协同管理存在较高要求，并对数字化技术表现出高依赖性。

我国医疗行业数字化水平近年有较大提升，医院管理、医保结算、流行病监控体系已实现网络化管理，但仍存在两个短板：一是大部分医院之间的数据信息不能共享，包括患者生命体征信息、疾病信息、影像检验报告、互联网诊疗记录、药品使用等基础数据在医院系统中好比一个个"数据孤岛"，难以形成互联互通的合力；二是不同监管部门之间共享信息的渠道不畅通，联动机制尚未建立。

2. 大数据与智慧城市

传统理念下城市规划更加趋向于整体规划、全面统筹，未能将大数据技术融入其中，而在大数据时代下，有必要将大数据技术与智慧城市建设与规划统一，对已有城市规划体系进行更新、完善，突出大数据技术的应用优势与应用价值，促进城市发展转型，实现智慧城市规划与建设等目标。简而言之，近几年来，大数据技术发展日新月异，这一发展背景下，智慧城市的规划与建设有必要融入大数据理念，紧跟时代步伐，逐步构建以大数据为基础的智慧城市结构与体系，推动大数据技术与城市发展的深度融合，使智慧城市向智能化、信息化、数字化以及网络化方向深入，建立健全的智慧城市规划体系，突出大数据技术的支撑作用。

智慧城市的建设需要大数据作为动力支持，有必要重点研究并规划大数据技术的应用，通过有效的数据分析与空间规划，为智慧城市的持续性发展注入源源不断的动力。我国部分试点城市在智慧城市建设方面取得了一定的成果，但与西方发达国家相比仍旧存在许多不足，在面临机遇的同时，肩负着诸多挑战。因此，智慧城市的建设需要从多维度着手，基于城市发展的根本需要，有效利用大数据技术，促使智慧城市发展满足可持续发展要求，真正实现革命性发展。

智慧城市的规划与建设涉及城市整体规划、空间利用、资源整合、城市发展与居民生活质量之间的协同关系等问题，需要对各项参数进行科学配置，方可使智慧城市的目标落于实践，促进城市稳步、和谐发展。这一过程离不开大数据技术的支持，大数据技术在城市空间规划方面具有显著的优势，大数据技术可结合城市发展情况进行综合、系统的评估与分析，包括城市发展水平、空间利用情况、城市居民的行为习惯等，对城市空间内部资源加以优化，通过合理的调整，使之符合智慧城市的构建目标。利用大数据技术实施空间规划，将使城市发展方向更为明晰，逐步突出城市发展特色，明确其与相邻城市之间的联系与不同，通过有效的空间布局、资源调整，达到智慧城市的构建标准。大数据技术的应用过程中，主要可实现以下几大标准。其一，可对城市内部的土地资源利用情况进行有效预测，根据实际情况，给出对应的规划方案，确保智慧城市内部资源的利用率。其二,有助于拓宽城市内部可利用空间。大数据技术结合智慧城市的规划情况,对居民活动空间需求以及实际活动面积进行协调,以满足居民活动需求为目标,统筹空间布局,优化布局结构,使空间资源得到最大限度的利用,将大大提高活动空间的利用率,有助于拓展可利用活动空间,从而为城市居民营造良好的生活环境。

智慧城市规划标准不断提升,由于智慧城市规划与研究过程中涉及面广、涵盖范围大,因此,易产生各类问题。尤其体现在智慧城市规划建设中的生态环境改善、公共服务水平提升、经济运行效率提升等多个方面,基于此,可有效利用大数据技术,发挥其应用价值,合理运用新媒体工具、先进的传感设备、摄像记录设备,对城市发展情况与经济运营情况进行准确记录、精准分析、细致研究,以便营造良好的经济运行环境、提高城市公共服务水平、促进生态环境改善。这不仅有助于提高政府决策的正确性、可靠性与准确性,也将为智慧城市的发展提供有利条件、夯实基础。

2.2.4　大数据应用中的安全需求

大数据技术的安全挑战主要来自以下几个方面。

(1)政策法律:要尽快建立完善的信息安全法律法规体系,从国家层面,对军队、政府、行业和个人的数据进行安全和隐私保护,维护国家、机构和个人的权益。

(2)数据交易与共享机制:在国家相关法律法规的框架下,建立通畅和合法的数据交易及共享渠道与机制,避免暗箱交易和非法交易,同时要避免数据过度保护。

(3)数据隐私和安全:将技术和法律两方面的手段相结合,解决数据隐私和安全问题,调和法律保护与数据挖掘分析相对立的问题,促进大数据技术的应用。

(4)国家和行业标准的建立:由相关标准化管理机构牵头组织,进行大数据技术的技术标准、管理标准的制定和推广。

1. 大数据与"技术哲学"

西方学者恩斯特·卡普认为工具从人的"器官"产生，并且人类在工具中继续生产自己，技术与人类共同发展、进化，形成"技术哲学"流派。恩斯特·卡普将人类与技术的关系紧密联系在一起，由此构成了"人体器官投影说"。作为信息化时代的重要部分的大数据技术，借助于智能设备终端采集数据资源，以数据的形式保存人类的各种行为信息，是人体生理器官延伸到虚拟空间的表现。同样，舍恩伯格曾指出"技术的属性是对技术本质的反应，是技术表现出的特殊规定性，技术是由人所创造、人所控制的人类活动的方法和手段，人本身具有自然属性和社会属性，那么技术同样具有自然属性和社会属性"。

大数据具有智能模式，但这种智能模式需要人类管理和操纵。人类利用大数据采集各种零碎的信息，并对这些零碎信息进行再分析加工，使零碎信息变成结构化的知识信息。结构化的知识信息则被用来服务人类，满足人类各方面的需要。人类利用大数据，不仅能分析事物之间存在的联系而且能掌握历史规律，预测未来事物的发展方向，探索大数据对人类社会发展所具有的价值。

自然属性和社会属性共同作用于大数据的发展，对大数据的发展的前提、趋势、目标进行制约。在人和自然关系上，大数据技术对自然资源数据的操作处理，体现了调控人和自然关系的作用。在人与社会关系上，大数据作为人类改造运用自然物质的新方式，促进了社会发展。

2. 隐私泄露与信息安全

现代智能技术为数据的采集提供了方便的技术手段，大数据技术具有随时随地保真性记录、永久性保存、还原性画像等强大功能。个人的身份信息、行为信息、位置信息，甚至信仰、观念、情感与社交关系等隐私信息，都可能被记录、保存、呈现。

（1）主动信息与被动信息

在现代社会，人们的个人信息几乎无时无刻不暴露在智能设备面前，时时刻刻在产生数据并被记录。人们使用智能工具进行聊天、在社交平台留言评论，这些信息属于个人主动产生的数据，但更多的如使用痕迹、访问频次、路径轨迹等数据并非用户主观留存，而是被动地被信息平台获取。主动信息的转载、使用可以作为知识产权来进行保护，同时是用户可以感知到的数据采集方式。被动信息大多数是在不知情的情况下被网络平台运营商收集，虽有授权协议，但大多只能被动接受，个人的信息自主权利难以保障。

（2）数据的非法搜集

基于大数据分析的智能化商业推荐系统带来了全新的营销模式，其营销效率较传统的营销模式具有指数倍增效应，巨大利益诱惑面前，包含个人隐私及敏感信息的数据被单纯地视为牟利的工具和随意转卖的商品，个人的数据保护往往被商家忽视，使人的隐私权受到侵犯。同时合理可行的个人数据授权和保护机制尚未建立，很多数据在用于某一分析之后被用于其他不明领域。分散的数据被整合之后，一些不法机构也可能通过数据分析洞察出一些不一定准确但会对主体造成负面影响的特征，进而对这些特征进行不良使用。

非法搜集用户信息已形成巨大利益链。网络平台或网络运营商通过非法搜集用户信息，用以获取利益，这侵犯了用户的个人隐私权，甚至已经触犯法律。同时，一些信息技术本身就存在安全漏洞，可能导致数据泄露、伪造、失真等问题，影响信息安全。此外，大数据使用规范的缺乏，如大数据使用的权责问题、相关信息产品的社会责任问题以及高科技犯罪活动等，是信息安全问题衍生的伦理问题。

（3）"第三只眼"

隐私泄露更是升级为国际政治问题。令人震惊的美国"棱镜门"事件是最典型的"第三只眼"的代表。美国政府利用其先进的信息技术对诸多国家的政府、官员和个人进行了监控，收集了海量数据，并从中挖掘出其所需要的各种信息。

3. 数字鸿沟加剧群体差异

"数字鸿沟"通常指信息技术在使用者和未使用者之间的社会分层，描述了"信息通信技术在普及和使用中的不平衡现象，这种不平衡既体现在不同国家之间，也体现在同一个国家内部的不同区域、不同人群中。拥有数据、具备数据思维和数据处理能力决定了国家、企业和个人的发展空间。在大数据发展过程中，信息主体的文化涵养、接受教育程度、个体职业等都影响着信息主体生产信息、传播信息、使用信息等。文化涵养和教育程度的差异直接影响信息主体对信息源的真实生产、对信息真伪的分辨、获取信息的途径、依靠信息传递的价值观。在大数据信息瞬息万变的情况下，不同的人会对大数据信息形成不同的看法、不同的理解，对信息利用形成不同的认知、不同的态度。

信息不公平，导致贫富差距拉大，随之信息不公平进一步加重，这是个恶性循环，更是个动态循环。大数据越发展，信息不公平现象越明显，这个现象最明显的体现就是信息分化。信息的不对称、不透明以及信息技术不可避免的知识技术门槛，客观上会导致并加剧信息壁垒、数字鸿沟等违背社会公平原则的现象与趋势。如何缩小数字鸿沟以增进人类整体福利、保障社会公平，是一个具有世界性意义的伦理价值难题。

4. 数据权利的确认

随着智能时代的来临，数据已经成为独立的客观存在，数据的深度挖掘带动了整个信息产业链的运转和巨大的经济效益提升，成为企业、政府县至国家间需要竞争的新能源。因此，数据的所有权、知情权、采集权、保存权、使用权以及隐私权等，就成了每个公民在大数据时代的新权益，这些权益的滥用也必然引发新的伦理危机。

智能设备产生的各种数据，如访问网页产生的访问记录、社交工具言论信息、行车电脑、停车出入记录携带着大量的内容信息、轨迹信息。这些信息被终端采集，网络传输，数据平台存储和记录，数据公司加工处理，通过数据挖掘，得出具有商业价值的结论。数据在整个流动环节中的权属如何划分？例如，个人用户产生了数据，数据是否属于个人；终端公司采集了数据，是否有权利留存数据；网络公司传输了数据，是否可以加工数据；数据平台存储数据，是否多处备份，存储后的数据如何销毁等。

复旦大学黄斌认为，传统的知情同意模式及其内在关系预设，是建立在个人自主性价值之上的。大数据技术将人置于不同的群组进行分析，使得"知情同意主体"和"行动主体"的界线变模糊，从而产生了新的伦理问题。大数据本身所预设的"未知目的"与传统知情同意模式的"确定目的"预设存在着深刻的内在矛盾，从而使得数据主体的自主性很难得到尊重。

同时，政府是数据的最大拥有者，它通过各种途径收集了全国人口、经济、环境等各类数据。如今不少国家通过制定相关法律，逐渐公开各种数据，只要不是涉及国家安全的数据，都向公众公开。政府数据的公开，更加体现了公开、公平、公正的原则，让政府的行为随时处于大众的监督之中，因此政府大数据的公开会进一步带来社会的自由与公正。

5. 信息茧房

早在 2001 年，美国法学家凯斯·桑斯坦在《网络共和国》一书中曾经提出："互联网时代，人们面对海量剧增的信息，会倾向于从中选择符合自己喜好的加以吸收，结果每个人摄取的内容越来越狭隘，一步步滑入信息茧房"。比信息茧房更加激进的说法是"网络巴尔干化"，1996 年美国学者埃尔斯泰恩和布林约夫森提出，网络上的信息越来越多，人们喜欢的东西尚且看不过来，因此不会因为互联网更加开放而开明，反而会更加封闭极端。"算法推荐系统"的出现更是加速了信息茧房的生成，系统通过对使用者数据的深度学习和分析反复推荐人们感兴趣的内容。单一的信息获取渠道、单一的信息沟通模式成为问题的根源。

6. 数据信息恶意传播

网络社会是现实社会的延伸，网络伦理与传统伦理不是相对的，而是对传统伦理道德的继承与发扬。在网络环境下，人们言行更自由放松不受约束，网络信息恶意传播的风险相对较低。道德规范主体在虚拟社会中表现不完整，传统的年龄、性别、相貌、职业、地位等属性在虚拟社会中变得模糊，取代的是虚拟的文字或数字符号，给网络犯罪留下空间。处在此环境下的道德主体的主体感和社会感会淡漠，这不利于虚拟社会道德水平提高。现实社会中，人们面对面交往，道德规范通过社会舆论压力和人们内心信念起作用。而虚拟社会是人机交流，人们之间互不熟识也能交往，很容易冲破道德底线，发生"逾越"行为，造成网络暴力或恶意信息的大规模传播。

信息造假不仅会对信息资源造成浪费，而且会造成人与人之间的不信任、破坏社会秩序，给社会诚信造成严重冲击。特别是对于违背社会公德和影响社会稳定的虚假信息恶意传播，信息传播者无视社会公德，为了自己一己私欲，或者为了蹭热度，对目前社会关注的、影响大的数据进行捏造篡改后，甚至加上自己不当言论，再进行传播，形成网络暴力，给社会诚信和传统道德极大冲击，并且大数据信息传播速度快，公民辨别能力参差不齐，也有可能跟着继续传播或者篡改信息再度恶意传播，引起社会民众的恐慌。

2.3　云计算技术

相较于其他技术，云计算发展相对较早，经过 10 余年的发展，国内已经拥有超百亿规模的市场。如今，云计算已不再只是充当存储与计算的工具。随着人工智能的迅猛发展、大量数据的积累，云计算凭借其灵活的架构、低廉的成本和增强的安全性等优势将发挥更加强大的作用。开展云计算研究的相关公司越来越多，涉及的云服务产业链条也越来越长（见表 2.3）。

美国国家标准与技术研究院（National Institute of Standards and Technology，NIST）给出了云计算模式所具备的 3 种服务模式（SaaS-软件即服务、PaaS-平台即服务和 IaaS-基础设施即服务）、4 种部署方式（私有云、社区云、公有云和混合云）、5 个基本特征（按需自助服务、广泛的网络访问、资源共享、快速的可伸缩性和可度量的服务）。

表2.3　云计算研究相关公司与产业链分布

服务提供商	IT 基础设施				云基础设施			云平台			云软件	
	服务器	存储	网络设备	云终端	网络	在线存储	在线计算	开发环境	程序服务和工具	商业流程外包	在线企业应用	在线个人应用
IBM	•					IBM 蓝云						
HP	•					•	•					
EMC						•		SpringSource				
Cisca	•		•									
微软						•	•	Windows Axure				
谷歌								Google App Engine Android, Open Socoal				
亚马逊						S3	EC2	Simple DB/SQS				
SAP											•	•
浪潮信息	•											
中创软件	•										InforSuitw Cloud	
阿里巴巴						•	•	•				
华为	•		•			•	•	•			DBank	
中国电信					•	•	•					
中国移动					•	•	•				139 邮箱	
中国联通					•							

2.3.1　云计算能力特征

云计算环境是指将分布在互联网上的计算机等终端设备相互整合，借助某种网络计算方式，实现软硬件资源共享和协调调度的一种虚拟计算系统，具有快速部署、易于度量、终端开销低等特征，其基本组成部分包括应用层、平台层、资源层、用户访问层和管理层，并以各类云计算服务作为技术核心。

云计算平台对现有计算技术的整合是借助云虚拟化（Cloud Virtualization）实现的。云端的虚拟化软件将物理计算设备划分为一个或多个虚拟机（Virtual

Machine，VM），用户可以灵活调配虚拟机执行所需计算任务。例如，操作系统级虚拟化允许在相互独立的多台计算设备间创建可扩展的虚拟系统，此时闲置的计算资源得以重新分配，从而节约计算成本并提高资源利用率。

云计算的服务模式分为将基础设施作为服务层、将平台作为服务层和将软件作为服务层。目前越来越多的厂商可以提供不同层次的云计算服务，部分厂商可以同时提供设备、平台、软件等多层次的云计算服务。

云计算的 4 种部署方式如下。①私有云（Private Cloud）。这种云基础设施是为一个客户单独使用而构建的，因而提供对数据、安全性和服务质量的最有效控制。私有云可部署在企业数据中心，也可部署在一个主机托管场所，被单一的组织拥有或租用。②社区云（Community Cloud）。这种云基础设施被一些组织共享，并为一个有共同关注点的社区服务（如任务、安全要求、政策的考虑）。③公共云（Public Cloud）。这种云基础设施被一个销售云计算服务的组织所拥有，该组织将云计算服务销售给一般大众或广泛的工业群体，公共云通常在远离客户建筑物的地方托管，而且它们通过灵活甚至临时的扩展，提供一种降低客户风险和成本的方法。④混合云（Hybrid Cloud）。这种云基础设施是由两种或两种以上的云（私有、社区或公共）组成，每种云仍然保持独立，但用标准的或专有的技术将它们组合起来，便具有数据和应用程序的可移植性（如可以用来处理突发负载），混合云有助于提供按需和外部供应方面的扩展。

云计算有 5 个基本特征。①按需自助式服务（On-demand Self-service）。用户可以根据自身实际需求扩展和使用云计算资源，具有快速提供资源和服务的能力。用户通过网络进行计算能力的申请、配置和调用，服务商可以及时进行资源的分配和回收。②广泛的网络访问（Broad Network Access）。通过互联网提供自助式服务，使用者不需要部署相关的复杂硬件设施和应用软件，也不需要了解所使用资源的物理位置和配置等信息，直接通过互联网或企业内部网透明访问即可获取云中的计算资源。③资源池（Resource Pooling）。供应商的计算资源汇集在一起，通过使用多租户模式将不同的物理和虚拟资源动态分配多个消费者，并根据消费者的需求重新分配资源。各个客户分配有专门独立的资源，客户通常不需要任何控制或知道所提供资源的确切位置，就可以使用一个更高级别抽象的云计算资源。④快速弹性使用（Rapid Elasticity）。快速部署资源或获得服务。服务商的计算能力根据用户需求变化能够快速而弹性地实现资源供应。云计算平台可以按客户需求快速部署和提供资源。通常情况下资源和服务可以是无限的，如购买数量不受限、购买时间不受限。云计算业务使用则按资源的使用量计费。⑤可度量的服务（Measured Service）。云服务系统可以根据服务类型提供相应的计量方式，云自动控制系统通过利用一些适当的抽象服务（如存储、处理、带宽和活动账户）的计量能力来优化资源利用率，还可以监测、控制和管理资源使用过程。同时，能为供应者和服务消费者之间提供透明服务。

云计算可以实现按需自助服务。视客户需要，可以从多个服务提供商那里向客户提供计算能力，如服务器时间和网络存储，而这些是自动进行无须干涉的。

2.3.2　云计算赋能新基建

1.　边缘云

随着物联网的发展、5G 的普及，以及产业应用需求的催生，边缘计算的需求越来越多。边缘计算是指在靠近物或数据源头的一侧，采用网络、计算、存储、应用核心能力为一体的开放平台，就近提供最近端服务。其应用程序在边缘侧发起，产生更快的网络服务响应，满足行业在实时业务、应用智能、安全与隐私保护等方面的基本需求。边缘计算处于物理实体和工业连接之间，或处于物理实体的顶端。而云端计算，仍然可以访问边缘计算的历史数据。边缘计算是由于物联网的普及，部署在边缘侧的设备具备一定的计算能力，并且可以通过网络将计算的结果反馈到中心服务器，进行存储或者进行更深一步的复杂计算，从而获取到预期的结果。近年来，随着万物互联、数字孪生等应用普及，数字生活、智慧城市等建设支撑的产业快速发展，在更多的边缘侧有越来越丰富的物联网设备产生更多的数据，需要具备更强的计算能力、更大的存储能力来解决更复杂的问题。而 5G 无线网络的诞生和应用，为边缘计算提供高带宽、低时延的网络能力，更进一步催生并丰富了边缘云的产品形态。

边缘云计算的业务具备以下基本特点。①边缘应用对数据存储容量的需求变大。如果将大量连接设备产生的越来越多的数据传输到位置比较集中的云服务上，需要超大带宽和回传容量。而边缘计算和本地数据处理可以减少需要传输的数据量。数据需求边界可以划定，搭建规划清晰，投入成本可控可调节。就带宽问题而言，远距离传输大量数据也会产生成本。此外，很多设备产生的大量数据可能无关业务，因此不需要将数据传输到中心云进行处理。②便于实时分析数据，提升数据治理应用能力与及时反馈能力。数据是数字经济的基础资产，要具备将数据转换为实时分析和操作的能力，需要将处理和计算功能的位置转移到更接近生成或使用数据的设备。③适合自主安全的私有化部署，许多场景不适合将敏感数据离开现场或自有服务器。围绕数据隐私的国家法律法规也是一个影响因素。④减轻对网络高时延的依赖，维持足够的计算与存储能力。虽然 5G 比 4G 时延更低，但要在远距离和多跳网络中实现极低时延会很困难。增大按需部署的多路径数据通信弹性，边缘云计算能比集中模式提供更多的通信路径，这种分布可以更好地保障数据通信。

2. 智能电网

智能电网是集数字信息技术、通信技术、计算机技术和电力设施为一体的现代化电网，智能电网可以提高能源效率、电源的安全性和可靠性。当大量的可再生能源被整合到电力系统中时，更多的变量被代入系统，更多的数据需要被处理。电动汽车数量的不断增加也使得这种情况越来越严重。大数据技术在预测和分析这些随机因素方面具有很大的优势。智能电网实质上就是应用大数据技术的电网。从技术角度看，大数据技术基于云计算技术，云计算技术为大数据提供了强大的工具，大数据为云计算提供了实际应用。

智能电网中的数据格式与传统的业务数据格式有很大不同，并有自己的特点。例如，在故障记录信号转换设备的状态控制模式下，存在大量的波形数据，研究发现，在智能电网条件下，不同类型的数据具有异构性，无法用简单的数据结构来描述。大量数据的存储和处理，就是将其系统化，使其成为一种合理的均质结构。在智能电网中，仍存在着如何将大量非结构化和半结构化数据转换成结构化格式的问题。

在未来，智能电网必须实现生产、传输、转换、分配之间的互联，电力和调度通信的使用和调节，信息的完整收集、平滑传输和高效处理，实现潮汐的高度集成，支持高度集成的信息流和业务流。因此，智能电网需要建立一个资源密集型数据中心，实现对异构体信息进行大规模集成。有限的应用系统和数据格式，难以支持信息和资源的传输，异构性高，横向使用困难。例如，监控、能源管理、市场分配和运营管理，其中大部分系统是独立的，无法进行数据交换。另外，智能电网有广泛的基础设施，国家电力公司的信息平台可以在国家电网总部之间设立二级数据中心能源公司和省电力公司，这将有助于执行国家能源公司的三步工作方案，以及在省级和地方能源公司之间建立联系，以便有效地管理这些基础设施，降低数据中心的运行费用。

随着智能电网建设的不断推进，近几年电网逐步提出"泛在电力物联网"（Ubiquitous Electric Internet of Things，UEIOT）的概念。泛在电力物联网就是围绕电力系统各环节，充分应用移动互联、人工智能等现代信息技术、先进通信技术，实现电力系统各环节万物互联、人机交互，具有状态全面感知、信息高效处理、应用便捷灵活特征的智慧服务系统。在此背景之下，电网网络的变电站、配电站将逐渐物联网化，设备会产生大量的物联网数据，需要边缘云的能力来解决，实现设备和仪器的状态实时感知，自动巡检和 AI 分析等应用可以获取设备状态数据，进行智能判断、异常报警。这些报警和人工干预可以及时地上报到中心云，中心云的监控人员可以掌握所辖区域的所有变电站、配电站的情况。这就要求边缘云可以做到分离部署到不同的物理位置，但又能将业务数据和边缘云的管理能力集中到中心云，通过中心云进行远程调度和维护。

2.3.3　云计算应用中的安全需求

1．小概率事件引发大问题

云计算改变传统的商业模式和个人生活模式，使得自己管理自己数据的传统模式，变成了由他人管理、维护数据的模式。这种模式最大的好处是给企业节省大量的成本，提升了个人数据处理能力，但同时带来不可预知的风险，云计算安全管理问题不容小觑。特别在可靠性、完整性和数据隐私性方面，用户因为没有直接控制权，虽然可以通过加密和令牌来保证数据安全性和保密性，但数据的完整性仍然是一个复杂的任务。成熟规模云服务公司一旦出现机房断电、黑客攻击等安全问题，将使千万级用户的信息受损失，"小概率事件引发大问题"的隐患依旧存在。

为了避免遭受攻击，云服务器多重备份、冗余数据信息的增多、数据流动环节的增加都会带来数据管理的不确定性。技术漏洞、数据流通环节漏洞、管理漏洞、技术人员违规操作漏洞等问题也给云服务商的风险解决能力、容灾能力提出了新的挑战，同时增加了维护成本。

2．"去中心化"的信任危机

"云化"已经无处不在，我们可以随时为自己的手机、计算机开拓云存储空间，计算能力和云盘存储能力价格也越发低廉。大规模数据汇聚在少数云服务公司进行计算和存储，尽管云计算可能带来"去中心化"的好处，但大量信息的网络空间迁移也会产生有关质疑云平台风险管理的负面影响。

同时，依旧存在上传个人或公司数据的隐私问题。互联网用户的各类访问数据、智能终端的位置信息、网盘存储的个人隐私信息、闭路电视、智能视觉识别系统监控等各类敏感信息大量汇聚至云端，数据的流动性和可复制性使得数据的监管非常困难。社会对云服务公司数据处理的信任问题也变得越发突出，数据权利争议涌现，给数据类公司的合规和风险控制带来诸多挑战，也带来相关的法律约束问题。

3."云众包"服务风险

云计算也促生了众包（Crowd Sourcing）服务的发展，网络专家蒂姆·奥莱理（Tim O'Reilly）是最早描述互联网如何被用来汇集集体智慧的人之一。百度智能云对数据众包的介绍为：数据众包服务，使用低成本高效率的众包模式满足客户对数据的需求，可采集大量的原始数据，通过数据加工，向客户交付标准化结构化的可用数据。众包允许合并众人智力来解决问题，实现人力资源共享、系统平台共享、服务经验共享、人工智能共享，取得超出任何个人能力的结果。

在这种活动中，个人、机构、非盈利组织或公司通过灵活的云服务发布不同的任务，人们参与其中互通互利，出现了很多有发展潜力的众包方案。例如，众包创建了 OpenOffice 和其他几个免费的开源软件应用程序，成果的知识产权是在云计算中创建和共享的。同样，云平台众包服务面临能力风险、组织管理风险、知识产权风险和信息风险，需要众包云平台通过合同规范、风险控制和激励体系构建来避免。

2.4 物联网技术

基于大数据和云计算的支持，互联网在向物联网扩展，在人与人、人与机信息交互的基础上加入物的信息交互。物联网主要通过各种设备［如无线电射频识别（Radio Frequency Identification，RFID）、传感器、二维码等］的接口将现实世界的物体连接到互联网上，或者使它们互相连接，以实现信息的传递和处理。对于人工智能而言，物联网提供了大量物理实体的数据资源基础，嵌入在各个产品中的传感器会不断地将新数据上传至云端，提供大量数据用于人工智能的处理和分析。连续的数据采集和不间断的知识处理能力积累，将万物融为一体。

2.4.1　物联网技术特征

物联网的三大特征可以归纳为感知物体、信息传输和智能处理。

感知物体：物联网提供的接入信息更为复杂，接入对象除了现有的手机、传感器、仪器仪表、摄像头、各种智能卡等，还包含了更丰富的物理世界对象，如轮胎、牙刷、手表、工业原材料、工业中间产品等物体因嵌入微型感知设备而被纳入，所获取的信息不仅包括人类社会的信息，也包括更为丰富的物理世界信息，包括压力、温度、湿度、体积、重量、密度等。

信息传输：5G 提供了更高的网络获得性，互联互通更为广泛，"任何人、任何时候、任何地点"都能接入网络，消除信息孤岛。通过基础设施建设的加强，人与物、物与物的信息系统达到了广泛的互联互通，信息共享和相互操作性达到了更高的水平。

智能处理：基于大量物联网数据的推演，计算能力、存储、模型将快速迭代升级。在物联网能力的加强下，信息处理工具从数字化向智能化方向提速转变。知识发现技术整合并深入分析收集到的海量数据，通过更加新颖、系统且全面的观点和方法来处理解决特定问题。

2.4.2　物联网应用中的安全需求

1. 复杂系统的安全隐患

我国的物联网产业规模庞大，物联网体系的安全问题日益引发关注。物联网是互联网的进一步延伸，但是不同于互联网，物联网在感知层、传输层、应用层的防护上呈现出不同的特点。如大量物联网终端协议不一致，接入的传感器及智能仪表种类繁多，物理通信链路多样，通信协议各有不同，给物联网整体的交互协作带来巨大问题，也带来了安全隐患。

物联网的远程访问能力也会带来网络犯罪分子的远程攻击，网络犯罪分子可以通过网络的漏洞和设备的漏洞远程访问设备并对设备造成严重破坏，并通过网络的掩护逃避追踪。从数据采集、通信保护、网关密钥到智能分析系统，物联网的发展还需要多维的安全保障能力。

2. 客户需求的理解难题

物联网不仅负责远程数据采集及监控，还包括对用户需求的深入解析。在生活中，会出现与智能音箱对话，对方无法理解的情况，即智能音箱可以采集到语音信息，却无法识别内容。物联网用户体验（User Experience，UX）包含各种技术和设计交互。Gartner 公司指出，物联网用户体验如何发展取决于 4 个关键因素，即传感器、算法、体验架构和背景，以及具有社交意识的体验。

除远程信息采集外，物联网设备还需要实现远程监控、远程优化、远程诊断、远程管理、远程维修、跟踪定位等功能。物联网设备规模巨大，当设备受到攻击，灾害预警和远程修复显得极为重要，这些是当前物联网技术开发及大规模使用的瓶颈所在。

3. 物联网大规模部署的社会影响力

Gartner 公司在美国佛罗里达通信展览会（ITEXPO）上分享的《2023 年的战略物联网趋势和技术》的报告中指出，人工智能（AI），社会、法律和道德，信息经济学和数据中介，从智能边缘向智能网格的转变，物联网治理，传感器创新，可靠的硬件和操作系统，新物联网用户体验，芯片上的创新，物联网的新无线网络技术是十大最具影响力的物联网趋势。

Gartner 公司认为，社会问题将成为物联网领域的关键问题。Gartner 公司副总裁尼克·琼斯提到，物联网解决方案的成功部署要求它不仅在技术上有效，其对数据的利用和隐私的保护方面也需要被大众所接受，物联网企业应尽快成立伦理委员会等团体，以审查企业战略。

物联网是一种基础广泛的技术，可以将各种设备从消费设备转变为大规模制造和工业应用设备。如何处理这些大规模的转变，将在很大限度上决定这项技术的未来。随着物联网变得越来越重要，随时需要政府和监管机构介入。随着物联网的发展，治理框架可能会出现，围绕物联网实现的信息的创建、存储、使用、删除建立和实施规则。这些规则涉及监管设备审计和固件更新等技术问题，以及围绕谁控制物联网设备及其生成的数据的复杂问题。

2.4.3　物联网赋能新基建

1. 智慧消防

消防安全中的一项重要工作就是消防监督检查，行之有效的消防安全检查和监督工作，对于消除日常存在的消防隐患至关重要，同时有效的消防监督检查，还可实现对消防设施的监控。然而，依靠消防检查监督人员的逐一排查消防隐患，不仅工作量大，而且人工检查存在效率低、检查标准不统一等弊端。物联网技术的应用对于消防监督检查工作具有重要的作用。

物联网应用于消防监督检查业务，其主要是将物联网中的网络传感技术、射频设备识别监控技术等用于消防检查工作。通过物联网技术的应用，真正实现对消防设施、消防高危场所的实时监督，实现问题及时发现、隐患及时消除的目的。基于物联网的智慧消防无线监测系统则可以有效地解决传统消防系统的布线方式烦琐、检查信息传递滞后、信息管理方式不通畅等弊端。

智慧消防是我国消防研究领域发展的重要趋势，也是消防技术的新兴研究领域，其主要综合了先进的人工智能技术、虚拟现实技术和 5G 通信技术等，构建出城市更强有力的公共安全、火灾防控体系。物联网作为目前新兴信息技术和多学科相融合的综合技术，完全符合智慧消防的发展需求。

2. 现代渔业

物联网数据是人类掌握的数据集中主要的组成部分，海量、多样、时效性强等大数据特征也更加突出。现代渔业主要是以智能检测与感知控制的传感设备为载体，以精准化养殖、可视化管理、智能化决策为手段，以智能化、自动化、集约化和可持续发展为目标的综合生态体系。

以数字技术驱动的水产养殖实时测控关键技术与设备实现了对养殖水质环境的精准控制。水质在线检测系统提供了集水质在线检测、数据分析和智能控制为一体的系统化解决方案。由水质传感器采集的数据经过人工智能决策系统进行计算和决策，若超过安全限值要求，在线检测系统就会启动报警系统，并开展相关补救措施以维持良好的水质环境。基于数字技术的自动投饲设备能有效降低饲料成本，提高饵料利用率，从而解决残留饲料污染水域环境问题。据报道，通过探测鱼群饥饿程度并据此进行自动投饵，可以减低21%的饲料成本。通过水产病害诊断和管理信息数字化的发展，实现大量鱼病病例的收集和影像存档，并通过信息手段加快病例搜集和共享，实现了基于云存储的水产病害诊断与健康养殖系统。同时综合利用计算机技术、显微图像处理技术和网络通信技术，构建跨平台的水产养殖远程动态图像与传输系统，能够实现水产病害的远程诊断。

数字化技术促进了水产养殖全过程的信息化，从而实现对水产品从塘口到餐桌过程中各个环节重要信息的录入和查询，为水产品质量安全追溯提供有效载体。我国水产品质量安全追溯系统主要由公共服务子系统、监管追溯子系统、数据中心、关键信息采集系统等组成，各子系统之间以数据中心为基础完成数据共享，以及与其他省市平台的对接。

3. 智慧仓储

仓储物流不仅包括传统的存储服务，还包括负责物流与供应链中的库存控制、调度和增值服务。而仓储本身也在现代物流技术和设备的应用实践与改良发展中起着重要作用。

传统仓储会造成部分物资识别困难。仓库建设老旧，或者设计存在不合理的地方，使得仓库潮湿或者泥土较多；运输过程中遭遇雨水天气或快件保存不当，都会影响到快件上二维码的清晰度，造成识别困难。尽管现在已经在大量使用条形码技术，但是在查件或者找件时，依然需要依靠人工，特别是在遇到取件高峰期或者物流量"大爆发"时，这样的人工处理方式的弊端就会暴露出来，不管是发货效率，还是出库效率都会大大降低。

物联网技术与"智慧仓储"的契合体现在发展"智慧仓储"需应用到的技术上，主要包括大数据和物联网感知两种技术，覆盖着仓储数据信息的收集、存储和处理。除此之外，用于快件追踪的智能追溯技术，以及智能化管理仓库的仓储机器人技术，也越来越受重视并得到较快的发展。在物流方面，物联网技术应用于仓库管理，可以为工作人员提供更高效、更智能化的查件方式和更系统、更科学的物资统计方式，大大减轻工作人员盘库和入库的压力，有效避免物资信息的统计失误。同时，物联网技术，能够快速处理大量出入库物资的信息收集工作，避免数据统计无序；及时的更新，又避免了存储过剩或存储空间的浪费。互联网技术能够将这些数据信息在整个物流过程进行共享，方便工作人员及时了解仓库的物资存储状况，也可以和 GPS 等技术相结合，便于物流工作人员和客户及时了解物资运输情况。

2.5　区块链技术

2.5.1　区块链技术特征

区块链（Block Chain）是一种按照时间顺序将数据区块以顺序相连的方式组合成的一种链式数据结构。从技术本质上看，区块链可以理解为一个由多个节点共同维护、能够系统运转的数据库存储系统。它是多种技术的集大成者，包括去中心化技术（P2P 网络技术和分布式存储）、信息加密技术（密码学哈希函数和非对称加密技术）、共识机制（拜占庭容错算法、工作量证明机制、权益证明机制）等。

区块链是一种融合多种现有技术的新型分布式计算和存储范式。它利用分布式共识算法生成和更新数据，并利用对等网络进行节点间的数据传输，结合密码学原理和时间戳等技术的分布式账本保证存储数据不易篡改，利用自动化脚本代码或智能合约实现上层应用逻辑。如果说传统数据库实现数据的单方维护，那么区块链则实现多方维护相同数据，保证数据的安全性和业务的公平性。区块链的工作流程主要包含生成区块、共识验证、账本维护 3 个步骤。

（1）生成区块。区块链节点收集广播在网络中的交易（需要记录的数据条目），然后将这些交易打包成区块（具有特定结构的数据集）。

（2）共识验证。节点将区块广播至网络中，全网节点接收大量区块后进行顺序的共识和内容的验证，形成账本（具有特定结构的区块集）。

（3）账本维护。节点长期存储验证通过的账本数据并提供回溯检验等功能，为上层应用提供账本访问接口。

区块链技术特点可以总结为以下 5 个方面。

（1）去中心化。区块链技术不依赖额外的第三方管理机构或硬件设施，没有中心管制，除了自成一体的区块链本身，通过分布式核算和存储，各个节点实现了信息自我验证、传递和管理。去中心化是区块链最突出最本质的特征。

（2）开放性。区块链技术基础是开源的，除了交易各方的私有信息被加密，区块链的数据对所有人开放，任何人都可以通过公开的接口查询区块链数据和开发相关应用，因此整个系统信息高度透明。

（3）独立性。基于协商一致的规范和协议（类似哈希算法等各种数学算法），整个区块链系统不依赖其他第三方，所有节点能够在系统内自动安全地验证、交换数据，不需要任何人为的干预。

（4）安全性。只要不能掌控全部数据节点的 51%，就无法肆意操控修改网络数据，这使区块链本身变得相对安全，避免了主观人为的数据变更。

（5）匿名性。除非有法律规范要求，单从技术上来讲，各区块节点的身份信息不需要公开或验证，信息传递可以匿名进行。

区块链能够在多利益主体参与的场景下以低成本的方式构建信任基础，重塑社会信用体系。近年来区块链发展迅速，人们开始尝试将其应用于金融、教育、医疗、物流等领域。但是，资源浪费、运行低效等问题制约着区块链的发展，这些因素造成区块链分类方式、服务模式和应用需求发生快速变化，进一步导致核心技术朝多样化方向发展。

根据不同场景下的信任构建方式，可将区块链分为两类：非许可链（Permissionless Blockchain）和许可链（Permissioned Blockchain）。非许可链也称为公链（Public Blockchain），是一种完全开放的区块链，即任何人都可以加入网络并参与完整的共识记账过程，彼此之间不需要信任。公链以消耗算力等方式建立全网节点的信任关系，具备完全去中心化特点的同时带来资源浪费、效率低等问题。许可链是一种半开放式的区块链，只有指定的成员可以加入网络，且每个成员的参与权各有不同。许可链往往通过颁发身份证书的方式事先建立信任关系，具备部分去中心化特点，相比非许可链拥有更高的效率。进一步，许可链分为联盟链（Consortium Blockchain）和私链（Private Blockchain）。联盟链由多个机构组成的联盟构建，账本的生成、共识、维护分别由联盟指定的成员参与完成。在结合区块链与其他技术进行场景创新时，公链的完全开放与去中心化特性并非必需，其低效率更无法满足需求，因此联盟链在某些场景中成为实用性更强的区块链选型。私链相较联盟链而言中心化程度更高，其数据的产生、共识、维护过程完全由单个组织掌握，被该组织指定的成员仅具有账本的读取权限。

2.5.2　区块链赋能新基建

1. 区块链赋能智慧法院

为回应数字时代的涉网司法需求，我国在杭州、北京、广州设立了互联网法院。不同于传统法院，互联网法院采用全流程网络化办理的诉讼新模式，涉诉文件从生成到归档均以数字形式存在，电子证据成为公众维护自身在网络空间中合法权益的重要凭证。由于电子证据面临着易篡改、易消亡等问题，在管理过程中有效保全其证据资格和证据能力，对互联网法院诉讼业务的持续发展尤为重要。

电子证据是作为证据使用的电子数据的总称，是司法电子文件的重要类型之一。根据《最高人民法院、最高人民检察院、公安部关于办理刑事案件收集提取和审查判断电子数据若干问题的规定》等文件，电子证据是指"在案件发生过程中形成的，以数字化形式存储、处理和传输的，能够证明案件事实"并用作证据使用的材料及其衍生物。互联网电子证据的保全包括对电子文件证据资格和证明能力的保障。因此，电子证据保全指的是考虑到电子证据易篡改、易伪造、易受损和易消亡的特性，采取一定措施提取、固定和保存电子证据，以规避电子证据失真、破损或灭失等风险，保障其证据资格和证据能力的一种电子证据管理活动。

区块链技术并不是一种单一的技术，而是整合了区块链数据结构、区块链算法、密码学原理等多种技术的综合性技术。在合法性上，司法区块链中电子证据的合法性由国家法律赋予。最高人民法院发布的《关于互联网法院审理案件若干问题的规定》（法释〔2018〕16号）指出："当事人提交的电子数据，通过电子签名、可信时间戳、哈希值校验、区块链等证据收集、固定和防篡改的技术手段或者通过电子取证存证平台认证，能够证明其真实性的，互联网法院应当确认。"《人民法院在线诉讼规则》（法释〔2021〕12号）也规定："当事人作为证据提交的电子数据系通过区块链技术存储，并经技术核验一致的，人民法院可以认定该电子数据上链后未经篡改，但有相反证据足以推翻的除外。"在技术应用标准上，司法部发布的《电子数据存证技术规范》（SF/T 0076—2020）是国家层面关于区块链电子证据的最新司法鉴定技术规范。上海司法鉴定协会起草的《基于区块链技术的电子数据存证规范》（T/SHSFJD 0001—2020）则对区块链存证系统的业务流程提出了更具操作性的要求。不过，目前第三方存证平台的资质认定、区块链保全手段的技术和管理要求等方面的标准仍然匮乏，现有标准也多处于试行或初始施行阶段，适用性仍待检验。

2. 区块链赋能金融领域

智能合约概念的引入极大增强了区块链技术的灵活性，拓展了其应用的范围，标志着区块链技术进入了 2.0 阶段。

区块链技术最初应用于互联网金融领域，旨在解决第三方中心机构的信任问题，为去中心化的交易提供一种信任机制。

区块链在我国金融领域的应用探索逐步深入，落地场景和案例不断丰富。中国互联网金融协会梳理统计，在国家互联网信息办公室已公布的前 4 批 1015 个区块链备案项目中，有 289 个备案项目涉及金融。其中，供应链金融 99 个（34.3%）、综合金融服务 32 个（11.1%）、底层平台 16 个（5.5%）、存证 13 个（4.5%）、支付 12 个（4.2%）、贸易金融 11 个（3.8%）、保险 9 个（3.1%）、资产证券化 8 个（2.8%）、企业征信 8 个（2.8%），其他 81 个项目分散在监管科技、资产管理、票据、保理、绿色金融、创投、风控、积分、金融财税等领域。

区块链作为一种多技术的集成系统，许多组件技术仍处于发展阶段，兼顾部分金融应用场景对安全、功能和性能的要求趋严，尚有较大的提升空间。其通过大量的冗余数据和复杂的共识算法来提升安全可信水平，金融业务需求的增加将导致系统处理量大幅度增加，并加重参与节点在信息存储、同步等方面的负担，在现有技术环境下可能导致系统性能和运行效率下降。智能合约相关应用路径仍待论证，尤其是将其用于实现复杂业务功能时，需要深入的业务逻辑理解能力和较强的程序设计能力，否则容易导致交易执行错误或程序代码漏洞。一些主流共识算法及跨链、分片、闪电网络等拓展技术由国外企业或团队主导，部分国内项目是在国外开源平台基础上进行适应性调整开发的，技术自主可控性有待加强。同时，在兼顾数据融合和隐私保护等目标方面，仍需继续加强区块链与多方安全计算、可行执行环境等技术的融合应用探索。

3．区块链赋能数字政务

数字政务建设是推动数字中国建设、促进社会经济高质量发展的重要抓手。《"十四五"规划和 2035 年目标纲要》明确指出要推动智能合约、共识算法、加密算法、分布式系统等区块链技术创新，以联盟链为重点，发展区块链服务平台和政务服务领域的应用方案，完善监管机制。这充分体现了区块链技术在数字政务应用领域的必要性，有助于赋能提高政务数据公开、促进政务业务协同、提升政府治理质量、保障政务网络安全。

区块链的技术模式、发展理念与创新路径非常契合当前互联互通、可信共享、开放透明、安全可控的数字化发展要求。遵循透明和可信规则，运用区块链技术可实现政务数据跨部门、跨区域共同维护和利用，促进业务协同办理，提高政务服务效率。

政府部门管理大量数据资源，合理化公开和利用会为社会带来巨大财富，管理过程公开透明化将极大提高政府公信力。区块链技术的不易篡改性，为数字政务信息公开提供安全和可靠保障；区块链技术的非对称加密特性，为政务数据对外利用提供权限保证，保障公民的知情权的同时，确保数据合理使用；区块链技术的分级管理特性，赋予数据信息使用权限，保护公民的数据隐私，有助于更好地服务于社会。区块链技术的分布存储特性，使得系统中每个参与主体经过授权读取与存储数据，在实现数据多重备份的同时，极大地提高了政务数据的安全性和容错性，为政府部门之间的信息共享提供了良好的平台，既可避免重复建设，又可深度整合数字政务资源，从而实现跨系统、跨部门、跨区域的数字政务协同。

政府部门的管理活动关系到社会正常运转与公民基本权益，依法行政过程中，必然会产生与公民个人生活紧密相关的隐私数据，这对政务网络的数据安全性、可靠性提出了严格要求。运用区块链技术，可以将数字政务领域的数据真实性、可靠性固化和存证，对打通数字政务"最后一公里"具有重要意义。政府各部门在公共治理体系中处于相对平等地位，利用区块链技术，可以对行政审批过程中的数据进行动态收集，可以实现快速信息传递，提升各级政府部门工作效率。通过区块链共识机制，可将业务数据实时应用到社会治理中，实现治理体系现代化。利用区块链技术，搭建数字政务领域的可信任应用，有助于跨级别、跨部门的数据互联互通，实现可靠安全的执行环境。

2.5.3　区块链应用中的安全需求

1. 效率与信任的交换

区块链技术是一种效率和信任的交换，不一定适用于所有场景。区块链完全是一种分布式数据库，采用了分布式数据库的特征，但是为了达成强数据一致性和不易篡改，牺牲了很多分布式数据库的优点，也带来了一些分布式数据库没有的特性。

虽然区块链是一种非常强大的技术，但应用场景依旧受限，相较传统每秒能处理数万笔交易的交易处理系统，PoW（Proof-of-Work）算法的算力空耗比较严重。众多公司和科研单位已提出大量优化算法，但依旧有其自身的局限性和适应场景。优秀的技术能力，需要好的市场环境进行引导，抛弃对技术的客观分析，过分的商业宣传和大众投资引导是非常不明智的行为。

2. 区块链行业的"庞氏骗局"

在区块链时代，许多庞氏骗局在智能合约的面纱下伪装起来。这些区块链庞氏骗局被称为智能庞氏骗局，相应的智能合约被称为智能庞氏骗局合约。因为智能合约具有自动执行、不易篡改的特性，智能合约成为庞氏骗局吸引受害者的有力工具。智能庞氏骗局一般有树型、顺序型、瀑布型、游戏型等。相较于传统庞氏骗局可以人为地操控让之强制停止，智能庞氏骗局由于区块链算法的自我演化特性无法叫停。

为防止区块链滥用，需要逐步将数字经济纳入法治轨道。中国银行保险监督管理委员会、中共中央网络安全信息化委员会办公室、公安部、人民银行、市场监督管理总局五部门联合发布了《关于防范以"虚拟货币""区块链"名义进行非法集资的风险提示》。要建立统一、规范的技术标准，为监管提供依据；要借助科技手段，实现"以链治链"，去伪存真，进一步强化区块链技术应用的安全性、有效性，淘汰含有水分的区块链项目，让"区块乱"不能成行，让骗子没有立足之地。

3. 算法的自我演化和异化

区块链的防篡改特征赋予了算法自我演化和异化的能力，进一步确保了其自治和独立。算法一旦上传到特定的区块链网络上，基于区块链的防篡改特征，它就只能遵循固定于代码中的程序逻辑运行，不会像传统的人或组织那样考量预期之外的后果。

算法的自我演化是指算法脱离创建者和初始代码，自我进步和更新的能力。基于特定区块链的算法如需更新或改变，必须通过特定的共识机制，如数字货币网络所采用的"工作量证明机制"，以太坊网络所采取的"权益证明机制"。无论哪种共识机制，都不再受算法创建者及初始代码的控制。

算法的自我异化是指算法在外因作用下的自我变更或升级。如算力或网络中断导致的分叉，从而导致算法的更新，或者对区块链网络发起的恶意攻击导致的算法更新。就数字货币网络而言，基于其工作量证明机制，发起有效攻击至少需要全网 51%的算力，而最新的研究表明，通过"日蚀攻击"（Eclipse Attack），有效攻击区块链网络最低只需全网 33%的算力，这可能会大大降低算法异化的安全阈值。

无论是算法的自我演化还是自我异化，都体现为脱离创建者的自我进化、生长和独立决策的能力。基于法律角度视之，算法的自我执行和自我决策使得算法与自然人、法人在法律主体方面的差距逐渐消失，现有的基于人与人交互的监管和法律体系将会面临重大挑战。

2.6　人工智能技术

2.6.1　人工智能技术特征

人工智能（Artificial Intelligence，AI）作为计算机学科的一个重要分支，在当前被人们称为世界三大尖端技术之一。1956 年夏季由麦卡锡（McCarthy J）、明斯基（Minsky ML）、罗彻斯特（Lochester N）和香农（Shannon CE）共同发起，并邀请其他 6 位年轻的科学家，在美国达特茅斯大学（Dartmouth University）举办了一次长达 2 个月的 10 人研讨会，讨论用机器模拟人类智能的问题，首次使用"人工智能"这一术语，并将人工智能界定为"使一部机器的反应方式像一个人在行动时所依据的智能"。

提及人工智能很多人认为应归功于机器学习、深度学习的成功。但人工智能的爆炸式发展，不仅因为机器算法的出色表现，更要归功于硬件图形处理器（Graphics Processing Unit，GPU）的广泛使用，使得大数据的并行处理更快、更便宜、更强大；云平台提供的几乎无限的存储空间；各种应用数据终端和物联网传感器对数据的大量采集；无线通信网络和骨干网络对终端数据的快速传输等。人工智能技术的高速发展需要多种信息技术作为有效支撑，网络技术、云存储技术、大数据技术环环相扣成为人工智能技术发展的基础。

人工智能技术主要有以下 3 个特征。

（1）算法提升。人工智能的基石是数学，其核心关键是算法。人工智能实现技术突破、行业革新、产业化推进，都必须以基础算法的突破为基石。从逻辑推理、搜索求解、监督学习、无监督学习、深度学习、强化学习和博弈对抗，到进一步的自然语言理解和视觉分析能力，算法已经成为人工智能的"大脑"，高效的算法成为人工智能产品成功的关键。

（2）数据积累。信息技术的发展让搜集"大数据"成为可能，机器训练有了足够多的样本。如阿尔法狗的棋步算法、洛天依的声音合成，以及无人驾驶、人脸识别、网页搜索等高级应用涉及的"深度学习""增强学习""对抗学习""深度神经网络""卷积神经网络""对抗神经网络"等算法需要大量数据。海量的、多维度、多形式的数据构成了人工智能技术得以发展的基础根基。

（3）算力加强。人工智能技术近年来的发展不仅仰仗于大数据，更是计算机芯片算力不断增强的结果。在算力的分析中，起决定作用的并不是单个中央处理器（Central Processing Unit，CPU）的速度，也不是数据中心的最大容量，而是用于训练单个模型所需的算力数字。根据 OpenAI 最新的分析，近年来人工智能训练任务所需求的算力每 3.43 个月就会翻倍，这一数字大大超越了芯片产业长期存在的摩尔定律（每 18 个月芯片的性能翻一倍）。

2.6.2 人工智能赋能新场景

1. 人工智能赋能智慧医疗

人工智能在电子病历、医学影像识别、疾病风险预测、健康管理、辅助诊断、药物开发和医院管理等医疗领域取得了诸多成果，医疗作为一个重要应用领域受到了极高的重视。据预测，智能医疗将占 AI 总体市场规模的 1/5。

随着自然语言处理和语音识别技术的迅速发展，信号处理和识别技术通过机器自动识别和理解人类的语言，并转换成文本和命令，已成功应用于电子病历或健康记录书写，将成为智慧医疗的基石，全面提高全科医生的工作效率。通过智能语音识别提取居民病史、日常行为大数据、家族健康疾病史，计算机提取各项检验、影像和病理等数据，机器反复深度学习并优化，构建疾病筛查及风险评估模型，将疾病危险因素转换成危险系数，可进行疾病筛查与风险预测。有研究发现，AI 与电子病历结合可用于心脏病和糖尿病患者的入院风险预测和再入院预防。AI 可以通过全面整合患者心血管病的危险因素和冠脉解剖影像参数，优化传统的风险评估模型，从而更加精准地预测病情的发展及预后，为患者后续治疗提供精准决策支持。

数据表明，在眼底疾病（糖尿病视网膜病变、黄斑病变、青光眼）、肺部疾病（肺结节、慢性阻塞性肺疾病）和恶性肿瘤（乳腺癌、卵巢癌）筛查中，AI均达到甚至超过了医生的平均诊断水平。以肺结节为例，应用机器深度学习的方法对肺结节进行识别、分割、筛查、分类等，可帮助放射科医师快速准确地发现肺结节并预测良恶性，已逐步应用于体检和肺癌筛查。

目前我国已基本建成统一权威、互联互通的社区居民健康信息平台，随着信息地域壁垒的逐步打破，为居民基本健康数据的采集及 AI 疾病风险预测打下了坚实的基础。智能诊疗平台实行辅助诊断后，根据患者病情转诊和上报，实现了"危重病上医院，小病下基层"，必要时就地急救后进行转诊，使医疗资源得以合理利用，减少因资源协调不当导致的病情延误。全程信息化管理，实现了医疗数据互联互通、实时监测、预警干预、紧急处理、双向转诊等功能。以北京方庄社区卫生服务中心为例，其推行的"智慧家医"为签约居民提供社区急救与预约转诊，社区资源得到优化配置，在提升诊疗质量的同时，更为社区居民就诊带来便利。

2. 人工智能赋能个性化教育

由于互联网技术的发展，网络教学形式逐渐成熟。计算机技术和通信技术丰富了课堂教学形式，多媒体、网络技术等逐渐用于教学，给教学行为分析研究提供了数据基础，教学行为分析方法向信息化、数据化、智能化方向发展。人工智能技术为个性化学习的实现提供了强有力的支持，主要体现在智能识别、智能分析与处理、智能测评等方面。

"充分发挥人工智能的优势、发展适合每个人的教育"成为人工智能时代教育改革发展的现实诉求，我国《教育信息化 2.0 行动计划》[①]《中国教育现代化2035》[②]等文件纷纷将"构建个性化的教育体系""实现优质的个性化学习"作

---

① 参见《教育部关于印发〈教育信息化 2.0 行动计划〉的通知》，中华人民共和国教育部。
② 参见《中共中央、国务院印发〈中国教育现代化 2035〉》，新华社。

为重要目标。智能分析与处理技术是实现个性化学习的关键，包括数据挖掘与学习分析、智能推荐、情感计算等。数据挖掘与学习分析是指从海量的信息中挖掘出与学习者有关的数据，运用多种方法（模糊集法、决策树法、神经网络算法等）揭示学习者的多维特征，并用于描绘学习轨迹、探究学习过程、揭示学习规律、预测学习结果等。智能推荐是基于学习者的特征及行为数据并针对学习情境及学习需求实现学习资源、学习活动、学习路径等的智能推送的技术，常见的有基于内容的推荐、协同过滤推荐等。目前，智能推荐技术已被广泛应用于在线学习，为在线学习环境中的个性化学习提供了强大的支持。

3. 人工智能赋能智慧农业

农业人工智能是多种信息技术的集成及其在农业领域的交叉应用，其技术范畴涵盖了智能感知、物联网、智能装备、专家系统及农业认知计算等。人工智能技术应用于农业生产，可以从农业全产链角度提高农业生产效率、提升农产品品质及实现农产品精准营销。

人工智能在农业领域的应用不仅要解决技术上的关键问题，还需要进行数据的收集、分析与应用。因此，有必要在重点农业区域率先推进人工智能的应用，形成典型示范作用。在种植环节，人工智能技术可以通过图像探测持续收集并积累优良种子性状，构建分类模型，提升选种效率并增加鉴别的准确度；通过采集农作物在不同生长阶段的最佳环境条件因素，实现劳动资料合理配置。在生产环节，人工智能技术可以优化农产品生产标准化管理；在仓储环节，人工智能技术可以识别流转农产品的缺陷问题，提供智能检索、质量检验等功能；在物流环节，人工智能技术可以实现物流管理的优化、预测、决策支持、建模和仿真，提高服务质量，加快响应速度；在销售环节，人工智能技术可以通过客户管理进行市场需求的预测并对质量进行追溯。

人工智能对于大部分地区的农业资源配置欠合理的现象可起到优化作用。人工智能带来的农业数字化转型，是对农业生产技术的革命性升级。通过借助人工智能的机器学习和建模分析，可协调配置生产中的诸因素，提高农业生产投入要素的合理配比，推进土地种植面积、化肥施用、土地灌溉、政府财政投入及人员投入的优化模型，从而有效地提升区域农业生产效率。

2.6.3　人工智能应用中的安全需求

1．人工智能与人类智能

"智能"究竟是什么？直到今天人类依然没有办法完全了解。一般来说，智慧的产生要经过从感觉到记忆再到思维的过程，而智慧的结果就是产生了行为和语言。人们将行为和语言的表达称为"能力"，而这两者结合起来就是"智能"。智能作为智力和能力的表现，主要是感觉、记忆、思维、语言、行为在起作用。随着科学技术的发展，人类对自身大脑和神经的研究取得了一定的进展，这也让人类看到了解决"智能"问题的希望。但在现阶段，人类依然没有办法彻底搞清楚自身的神经系统是如何运作的，同时对于人类大脑的一些功能和原理也没有认识清楚。不解决这些问题，人类就没有办法走向"智能"研究的未来。

现阶段，市场上出现了聊天机器人、运动机器人、推理机器人和音乐机器人等不同类型的机器人，同时出现了具备这些综合能力的机器人。虽然人工智能机器人感知外部环境信息方面的能力不断提高，但是它们依然没有办法理解自己感知到的信息所表达的意义。

人类除了有感知，还有情感、意识，这也是人类智能的一个重要特点。现阶段的人工智能往往不涉及情感和意识。人类还可以根据自己对于未来的思考，合理规划自己的行动，整个过程体现着一种自觉性和主动性，而人工智能展开行动，往往是受到外力驱动的，或是根据程序来行动的。现阶段人工智能并不具有自觉性和主动性，只能对人类智能进行模拟。无论是语言还是行为，人工智能都很难超越人类智能。

人类心智和认知划分为神经、心理、语言、思维、文化 5 个层级，研究人员从人类心智和认知的 5 个层级考察人工智能与人类智能的差异，认为在人类心智和认知即人类智能的各个层级上，人工智能都是在模仿人类智能，并且都未能达到人类智能的水平；越是较高层级的认知，人工智能越是逊于人类智能，特别是在高阶认知这个层级上，即在语言、思维和文化层级上。事实上，在高阶认知这个层级上，人工智能和人类智能这两种智能方式是截然不同的。

2. 人工智能具有社会属性

在社会属性层面，现实空间的虚拟化、万物的数据化及关系的算法化，其整体关联和运行形成了一个新式社会运行机制。由此，人类行为以一种全新的方式关联运行，人工智能一方面极大地促进了既有社会行为能力，强化了社会关联程度，丰富了社会关联关系，另一方面，相对于以往，人工智能应用下的信息生产和运行模式、信息与行为的关系、行为决策机制、社会行为模式、社会关系结构、社会规则等正在发生深刻的改变。

数据的社会属性就是人类社会行为及作为行为基础或者依据的信息的表现形式和载体的数据化。算法的社会属性就是社会行为关系的算法化。社会行为关系的算法化是社会行为数据化的期待和结果。算力的社会属性则指社会空间的互联网化和虚拟化。

随着智能技术的发展，"奇点"（Singularity）来临后的人工智能是否具有自然人的社会属性需要更进一步的探讨。最早提出技术奇点（Technological Singularity）或奇点这一概念的是物理学家冯·诺依曼。技术奇点或奇点是指未来的一个时间点，此时技术的增长已变得不可控制和不可逆转，人类文明将发生难以预测的变化，意味着强人工智能时代真正到来。这种奇点最为流行的版本则是"智能爆炸"（Intelligence Explosion），是指可不断升级的人工智能行动者发生失控反应，产生强有力的超智能，远远超越所有人类智能，从而威胁到人类的生存。

3. 人工智能的主体地位和责任归属

发展人工智能的首要动机在于提高生产力，实现人类自身的解放，使人类获得更大、更多的自由，而不是取代人类，使人类成为被驱使的对象。因此，安全可控应该是整个人类社会发展人工智能的基本准则。

人工智能的发展可以分为弱人工智能和强人工智能。弱人工智能是指通过人类编写好的算法或者软件智能化去解决和计算某些问题，这样的算法或软件只是采用一些智能化的计算工具，如神经网络、专家系统、模糊逻辑等，而计算行为需要人为触发或控制。弱人工智能产品是不能真正实现推理和解决问题、不具有思维的智能机器。强人工智能产品是指真正能推理和解决问题、具有思维的智能机器，这样的机器是有知觉与自我意识的。强人工智能产品在各方面都能与人类媲美，有知觉和自我意识的强人工智能产品能够进行思考、计划、解决问题、抽象思维、理解复杂理念、快速学习等，人类能做的脑力劳动，它基本能胜任。

当前，人工智能产品越发被广泛融于社会生产活动，人工智能产品的权责归属成为亟需解决的问题。因可与人类相比拟，故人工智能产品可视为"拟主体"，或者说具有某种"拟主体性"。人工智能产品的法律地位是解决一切与人工智能相关法律问题的开端。弱人工智能产品的权责属性相对明确，而强人工智能产品已突破生物人自我意识和理性思考的伦理基础，机器人是否应该具有法律人格的问题，使得人工智能技术应用给法律关系主体带来了有冲击力的影响，这也是非常尖锐的现实问题。

人工智能主体人格的确认还涉及传统的法律关系的主体种类和构成上的变化，比如，无人驾驶汽车交通肇事后分别在刑事和民事领域的责任主体构成上与有人驾驶的机动车肇事案件相比会有很大的不同。另外，主体的行为能力、责任界限及相应的责任能力等诸多法律主体元素上也会发生变化。

4．伦理和法律的代码化

随着无人机、自动驾驶、社会化机器人、致命性自主武器等应用的发展，大量人可能处于决策圈外的智能化自主认知、决策与执行系统涌现出来，这迫使人们在实现强人工智能之前，就不得不考虑如何让人工智能体自主地做出恰当的伦理抉择，并试图将人工智能体构造为人工伦理智能体。

从技术人工物所扮演的伦理角色来看，包括一般的智能工具和智能辅助环境在内的大多数人工物，自身往往不需要做出价值审度与道德决策，其所扮演的只是操作性或简单的功能性的伦理角色，如由人操作和控制的数据画像等智能工具，具有反映主体价值与伦理诉求的操作性道德；高速公路上的智能交通管理系统所涉及的决策一般不存在价值争议和伦理冲突，可以通过伦理设计植入简单的功能性道德。反观自动驾驶等涉及复杂的价值伦理权衡问题的人工智能应用，其所面对的挑战是它们能否为人类所接受，这在很大限度上取决于其能否从技术上嵌入复杂的功能性道德，将其构造为人工伦理智能体。

5. 算法歧视和算法黑箱

让智能机器具有复杂的功能性道德，就是要构建一种可执行的机器伦理和法律机制，使其能实时地自行做出伦理抉择。鉴于通用人工智能或强人工智能在技术上并未实现，要想在智能体中嵌入其可执行的机器伦理，只能诉诸目前的智能机器可以操作和执行的技术方式，通过基于数据和逻辑的机器代码化实现价值的融入。凯文·凯利在其作品《失控》中指出："人们在把自然逻辑输入机器的同时，也将技术逻辑带到了生命之中，机器人、计算机程序等人工制造物也越来越具有生命属性。"

机器学习算法的输入形式是一种数值型向量（Numeric Vectors），攻击者会通过设计一种有针对性的数值型向量，从而让机器学习模型做出误判，这被称为对抗性攻击。对抗样本指的是攻击者故意设计的，在原始样本添加一些人眼无法察觉的扰动（这样的扰动不会影响人类的识别，但是却很容易愚弄模型），将这种扰动值输入机器学习模型中，引发模型出错，它就像让机器在视觉上产生幻觉一样。由于神经网络学习到的那个函数是不连续的，只需要在原始图片上做微小的扰动，就能让处理后的图片以很高的置信度被错误分类，甚至能让处理后的图片被分类成一个指定的标签，这样的图片就被称为对抗样本。对抗样本还具有一定的鲁棒性，将对抗样本打印到纸面上，仍然可以达到欺骗系统的效果。也就是说，通过打印等手段对抗样本可以用来影响真实环境，其中最大的威胁便是自动驾驶领域。对于汽车自动驾驶系统，攻击者可以通过这样的手段生成一个禁止通行标志的对抗样本，如图 2.2 所示，虽然在人眼看来这两张图片没有差别，但是自动识别系统会将其误判为是可以通行的标志，造成灾难性的后果。

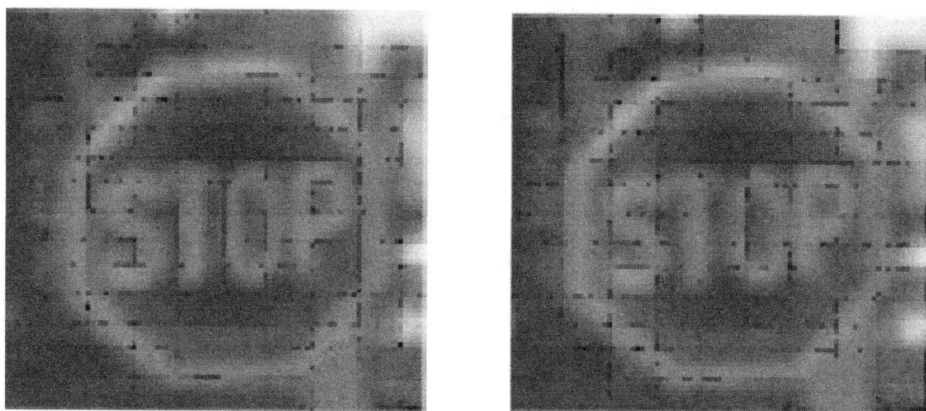

图 2.2　正常交通标志（左：禁行标志）及其对抗样本（右：机器识别为可以通行）的肉眼分辨

6．人工智能伪造技术

人工智能伪造技术是指利用人工智能在深度学习、大数据处理语言识别、图像识别、自然语言处理等方面的强大功能，伪造社会生活中人体指纹、语音等生理特征及合成虚假音频、视频等媒体文件的技术。现阶段的人工智能已经可以伪造个人笔迹、声音、动画及视频等，且仿真度极高。

伪造笔迹方面，英国伦敦大学学院（University College London）研究人员开发出"My text in your hand writing"人工智能算法，依靠该算法，系统能够分析一个人的字形及其特殊的书写方式，生成字形、字号、颜色、笔线纹理、垂直及水平间距等完全相同的笔迹，达到完美伪造。笔迹伪造技术示例如图 2.3 所示。

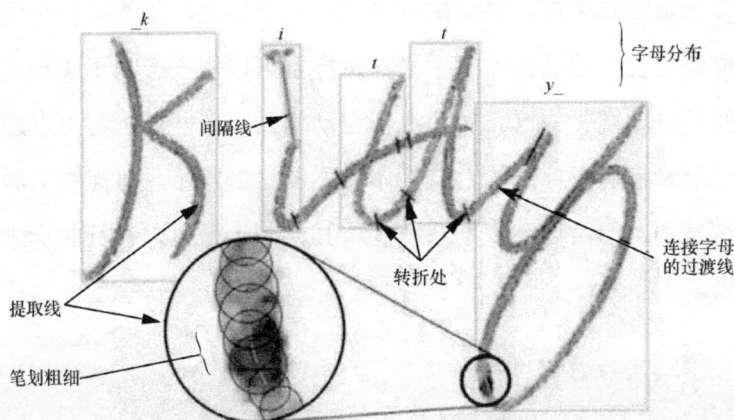

图 2.3　笔迹伪造技术示例

伪造语音方面，谷歌 Deepmind 公司开发出"WaveNet"软件，该软件可利用其神经网络系统对原始音频波形进行建模，生成带有强调性音节、抑扬顿挫和体现情绪的目前世界上最接近人类自然语言的音频。加拿大 Lyrebird 公司正在开发一种深度学习算法，使任何人都可以使用任何其他人的声音伪造出令人惊讶的逼真演讲。此外，Adobe 公司的 Project VoCo 软件可以识别出一段语音中的文字，之后针对语音中的文字进行编辑和修改，生成音色和音调与本人完全一样的语音。

人工智能伪造技术对社会秩序的各个层面构成了严重威胁。在社会生活层面，人工智能伪造技术使日常生活所用的合同、契约、证书及相关法律文本的防伪鉴定面临新的困难。在涉及公民、法人和组织切身利益和财产安全的重要问题上，该技术带来了诸多不确定性的挑战。在司法层面，人工智能伪造技术可用于伪造证人证言、视听资料、电子数据及鉴定意见等虚假证据，为司法证据的鉴定采用和非法证据排除带来了新的困难，给社会公正和社会稳定带来极大的挑战。在公共安全层面，人工智能伪造技术为不法分子从事违法犯罪活动提供了便利条件。例如，不法分子出于扰乱社会治安或敲诈勒索等目的，可利用该技术制作高逼真度的用于犯罪的音频视频，对社会稳定构成严重威胁。

7. 致命性自主武器应用

经过几十年的发展，越来越多的武器系统采用自动化技术。随着技术尤其是人工智能的进步，不需要人控制的致命性自主武器系统（Lethal Autonomous Weapon Systems，LAWS）面世，由此可能引发道义、法律、外交等方面的争议。致命性自主武器系统的应用潜力巨大，有专家将其描述为"继火药、核武器之后的第三次战争革命"。目前对于支持还是禁止致命性自主武器系统，国际社会仍存在很大分歧。各国也在努力寻求合理的伦理机制和国际法规，对致命性自主武器系统进行有效管控。

从道义角度支持禁止 LAWS 的观点认为，LAWS 使夺走人的性命这种决策远离了人的判断，在道义上是无法接受的，因此必须禁止。从法律角度支持禁止 LAWS 的观点认为，LAWS 即便没有违背《国际人权法案》和《武装冲突法》的纸面条文，也违背了其精神，因此应该提前禁止。这些观点认为 LAWS 可能由于设计问题，在非法条件下对非作战人员发起攻击并造成死伤。

从道义角度反对限制 LAWS 的观点认为，禁止或约束 LAWS 的发展将对民用或军民两用技术的研究形成阻碍。还有观点认为政府通过 LAWS 来提升国防安全，可以更好地承担保护国家公民的道德责任。从法律角度反对限制 LAWS 的观点认为，LAWS 可以减少战时过度的附带损伤，使指挥人员利用更多的信息来区分军事目标和民用目标，这些特点使其不违背《国际人权法案》。

2016 年联合国在"特定常规武器公约"会议上启动了关于人工智能在军事使用上的全球性辩论，其中大多数缔约方赞同了"对致命自主武器系统进行有意义的人类控制原则"，这条原则提出"凡是没有意义的人类控制的致命自主武器系统都应被禁止"。联合国还在海牙建立了一个专门的研究机构（犯罪和司法研究所），主要用来研究机器人和人工智能治理的问题。

参考文献

[1] 赵国锋, 陈婧, 韩远兵, 等. 5G 移动通信网络关键技术综述[J]. 重庆邮电大学学报

(自然科学版), 2015, 27(4): 441-452.

[2] 何曼. 共建 5G 技术下的智慧教育体系[J]. 在线学习, 2021(9): 48-49.

[3] 程晓栋. 基于消费者期望的 5G 赋能智慧零售新架构[J]. 商业经济研究, 2021(19): 48-50.

[4] 王心彤, 胡卫星, 孙雅利, 等. 5G 典型教学应用场景及其分析[J]. 中国教育信息化, 2021(18): 88-91.

[5] 陈晓敏, 赵涛涛, 袁雪腾, 等. "5G+工业互联网"时代的高端装备智能制造[J]. 南通大学学报(自然科学版), 2021, 20(3): 1-12.

[6] 张锋军. 大数据技术研究综述[J]. 通信技术, 2014, 47(11): 1240-1248.

[7] 恩斯特·卡普(E. Kapp). 技术哲学纲要(*Grundlinien einer Philosophie der Technik*)[M]. 1877.

[8] 维克托·迈尔-舍恩伯格, 肯尼思·库克耶. 大数据时代: 生活、工作与思维的大变革[M]. 杭州: 浙江人民出版社, 2013.

[9] 邱仁宗, 黄雯, 翟晓梅. 大数据技术的伦理问题[J]. 科学与社会, 2014.

[10] 胡鞍钢, 周绍杰. 新的全球贫富差距: 日益扩大的"数字鸿沟"[J]. 中国社会科学, 2002(3): 15.

[11] 黄炜, 孟慧莹. 面向公共卫生事件的大数据治理能力评价与应急管理策略研究[J]. 现代情报, 2021, 41(10): 119-129.

[12] 敖虎山. 建立医疗行业共享数据平台[N]. 人民日报, 2021-09-23(18).

[13] 闫昕. 智能电网大数据处理技术现状与挑战[J]. 长江信息通信, 2021, 34(7): 114-115, 118.

[14] 刘建平. 边缘云产品的应用与发展[J]. 电子技术与软件工程, 2021(17): 153-154.

[15] 石国庆. 物联网技术在仓储物流中的应用分析[J]. 价值工程, 2019, 38(35): 258-259.

[16] 聂勇浩, 张炘. 基于区块链的电子证据保全模式研究——以广州互联网法院为例[J]. 档案学研究, 2021(5): 28-36.

[17] 杨晶. 基于区块链技术的数字政务应用研究[J]. 中国科技产业, 2021(9): 69-71.

[18] 贺倩. 人工智能技术的发展与应用[J]. 电力信息与通信技术, 2017, 15(9).

[19] 王春晖. 从弱人工智能到超人工智能 AI 的道路有多长[J]. 通信世界, 2018(18): 9.

[20] 袁波, 代华, 伍佳, 等. 人工智能在全科医学领域的应用[J]. 中华全科医学, 2021, 19(9): 1433-1436, 1572.

[21] 王淑荣. 人工智能赋能农业发展的路径探析——基于区域农业的产业集聚度、产业关联性与产业效率性[J]. 技术经济与管理研究, 2021(7): 120-123.

第 3 章
新基建信息技术安全的多维度治理

3.1 数据安全与数据治理

3.1.1 数据治理的现状与不足

1. 技术角度

技术是数据治理的执行层面，治理的落实需要通过标准化组织建立统一的标准体系来进行规制。以工业互联网为例，工业和信息化部针对总体框架发布了《工业控制系统信息安全防护指南》《工业控制系统信息安全事件应急管理工作指南》《工业控制系统信息安全防护能力评估工作管理办法》和《工业控制系统信息安全行动计划（2018—2020 年）》等指导文件，中国工业互联网产业联盟（AII）、中国通信标准化协会（CCSA）对安全体系、防护需求、接入技术等提出了细化标准，电力、煤炭、水利等行业又有各自的行业平台和技术标准，数据治理中标准体系比较复杂。

2. 法律法规建设角度

法律法规是根本性的社会治理手段，为数据治理建立监管和问责制度。从

《网络安全法》《电子商务法》《个人数据保护法》《数据安全法》《儿童个人信息网络保护规定》《信息安全技术个人信息安全规范》《关于加强国家网络安全标准化工作的若干意见》到立法规划中的《个人信息出境安全评估办法》，再到十二部门联合发布《网络安全审查办法》，我国数据立法体系正在逐步完善当中。新基建场景下，参与数据处理的社会角色越发丰富，法律制定过程中需要对不同的数据安全责任主体进行区分，不同主体的诉求不一样。例如，信息主体要求加强对个人信息的保护；行业主体要求对合法搜集、处理信息的法律保障；数据加工主体要求对数据处理能力的保护；平台对网络交易的规范等。目前我国对于数据方面的法律保护还集中于宏观层面，产业链中数据保护诉求越发具体，如人脸识别数据信息、数据平台交易、流程数据等依旧缺乏及时的立法保护。

数据立法是数据技术与立法体系的高度融合，法律保护要恰当务实，把握数字经济发展与治理之间的平衡，不能一味求全、求严，限制社会的数字化改造活力。同时更要注重立法的可执行性，避免类似于欧盟通用数据保护条例（GDPR）"被遗忘权"规范与操作脱节的情况发生。

3．评价和监管体系

数据治理中法律政策的执行需要政府部门、行业组织和具备认证资质专业机构的密切配合。以 2019 年移动互联网 App 专项治理项目为例，2019 年 1 月 25 日中共中央网络安全和信息化委员会办公室、工业和信息化部、国家市场监督管理总局联合发布《关于开展 App 违法违规收集使用个人信息专项治理的公告》，同时委托全国信息技术标准化技术委员会、中国消费者协会、中国互联网协会、中国网络空间安全协会成立 "App 违法违规收集使用个人信息专项治理工作组"；2019 年 3 月第三方认证机构中国网络安全审查技术与认证中心[①]为落实 "公告" 要求编制了《移动互联网应用程序（App）安全认证实施规则》，并

[①] 中国网络安全审查技术与认证中心（CCRC，原中国信息安全认证中心）是依据国家《网络安全法》和国家有关强制性产品认证、网络安全管理法规，负责实施网络安全审查和认证的专门机构。中国网络安全审查技术与认证中心为国家市场监督管理总局直属事业单位，系第三方公正机构和法人实体。在业务上接受中共中央网络安全和信息化委员会办公室指导。

通过了市场监督管理总局认证监管司的评审。随后，国家市场监督管理总局发布了该"实施规则"，规则技术验证依据为 GB/T 35273《信息安全技术个人信息安全》，认定方法为 2019 年 12 月 30 日发布的《App 违法违规收集使用个人信息行为认定方法》。2019 年 12 月起在工业和信息化部网站上可以看到由中华人民共和国工业和信息化部通信管理局对违规 App 进行通告整改和下架的公告。

在实际操作中，多部门参与的监管和评估会在一定程度上影响执法的稳定和可预期性。如国家发展和改革委员会等十余个部门均具有关于 App 个人信息收集使用的行政监管权与执法权，带来了多方管理的局面，管辖权限不明确，不利于执法尺度和标准的统一的问题。还需注意的是评价和监管并不能仅注重事后管理，而是要通过常态化的评价与监督方式建立科学完善的监控平台，实现主动防治。

4．数据伦理角度

数据治理不能仅靠公权力进行维护，同时也要将治理思维体现在伦理道德监管中。新兴技术指向未来发展，技术研发还处于快速成长期，社会影响的复杂性、长期性、累积性，带来了信息技术的"科林格里奇困境"[②]。伦理问题将借由新基建的放大效应，给社会带来多方面的影响。

2019 年 7 月 24 日，中央全面深化改革委员会第九次会议审议通过了《国家科技伦理委员会组建方案》，开启了我国科技伦理治理制度化的历程。有效应对信息技术带来的社会挑战，需要深入研究思考并树立正确的道德观、价值观和法治观。习近平总书记强调，要整合多学科力量，加强人工智能相关法律、伦理、社会问题研究，建立健全保障人工智能健康发展的法律法规、制度体系、

---

② 英国技术哲学家大卫·科林格里奇发现，一项技术的社会后果不能在技术生命的早期被预料。然而，当不希望的后果被发现时，技术却往往已经成为整个经济和社会结构的一部分，以至于对它的控制十分困难。这就是控制的困境。当变化容易时，对它的需要不能被预测；当变化的需要变得明显时，变化却变得昂贵、困难和耗时，以致难以或不能改变。这就是所谓科林格里奇困境。（《技术的社会控制》1980）

伦理道德。

然而近年来，隐私泄露、算法歧视、"信息茧房"等有关数据使用的丑闻降低了公众对数据使用和信息技术的信任度；数字经济浪潮下的数字鸿沟导致了在不同社会群体之间形成新的"权利沟"和"知识沟"，这反而会阻碍社会能力的提升。要正确引导公众的数据使用方式，提倡数据使用的自由、平等、诚信和自律，积极帮助公众适应新基建时代带来的环境挑战和劳动力市场结构变化，实现公众数据和产业数据的价值共创，最大程度释放数据红利。

综上所述，数字基建带动了数据的流动和集中，随着平台数据价值的体现，数据治理需要从问题导向朝价值导向转变。如何在海量数据中穿透各个运行层面，提炼数据的共性价值，为治理提供合理有效的规制路径，成为数据治理体系构建研究的重点。

3.1.2　以生命周期为总线的数据治理路径

新基建数据来源多样，处理方式多样，所处行业和场景不断变化。数据从其产生的原点出发，会全部或者部分流经信息基础设施的相关环节。新基建中的数据生命周期总线如图 3.1 所示。基础设施建设环环紧扣，传统针对单一行业数据或某一数据处理环节的技术规范体系或政策法律规制很难起到综合治理的作用。

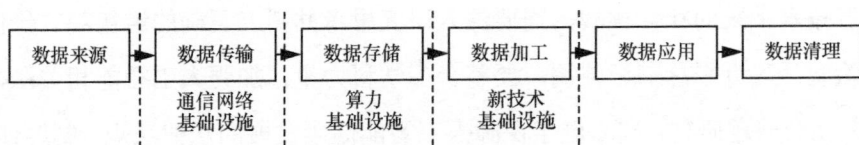

图 3.1　新基建中的数据生命周期总线

数据贯穿信息流动的全生命周期，把握以数据生命周期为总线的数据治理，可以将治理思路贯穿于数据的产生、收集、流转、加工、使用直至清理的全应用流程，在信息全链条中完成数据端到端的跟踪与管理服务。本章将对数据治理流程的各环节进行全面深入的梳理。

3.1.2.1　数据来源：区分来源的差异化治理

我国的数据来源形态处于由单向应用阶段向协同共享阶段过渡的阶段。不同来源的数据具备不同的数据规模和数据特征，在数据治理的过程中不可一概而论，而是要采用"分而治之"的思路，抓住特点，给出不同的治理思路和路径措施。

个人数据是大数据最重要的信息来源，也是整个数据产业链中经济价值最高的数据类型。在我国法律体系中，"公民个人信息"被定义为以电子或其他方式记录的，能够单独或与其他信息结合识别特定自然人身份或反映特定自然人活动情况的各种信息，包括姓名、身份证件号码、通信联系方式、住址、账号密码、财产状况、行踪轨迹等③，在更广义的定义中，个人数据可以理解为个人的自然信息和行为数据的总合。不可否认，目前我国个人数据权层面法律基础设施与配套建设尚不充分，把握个人数据收集过程中的合法公开原则、目的限制原则、最小数据原则、数据安全原则和限期存储原则，成为进一步个人信息数据收集的关键。

政府数据作为国家基础性、战略性的数据资源，已经成为当代数字创新的重要来源，具体包含城市建设、城市健康管理统计监察、服务与民生消费类数据等方面信息，是串联产业数据的关键组成部分。但由于缺乏数据开放的相应立法，许多高价值数据处于被锁定的闲置状态。虽然广泛开放的政府数据成为重要产业数据来源，鼓励政府数据流动已成为新型数字产业的迫切需求，但只有制定了相应的对策、给出行动方案，才能推动政府数据利用工作的均衡有序发展。

行业数据是一个涵盖内容更加丰富的数据体量。在新基建政策和技术的驱

③ 《最高人民法院、最高人民检察院关于办理侵犯公民个人信息刑事案件适用法律若干问题的解释》第一条以《中华人民共和国网络安全法》第七十六条规定为基础，明确刑法第二百五十三条之一规定的"公民个人信息"。

动下，工业大数据作为"智能制造"和"工业互联网"的关键支撑，即"两化融合"④的重要基础正逐渐受到重视。制造技术和商业模式的变革将首先带来工业大数据市场的繁荣，对于大规模工业数据的治理，需要建立分级、分权的治理方式才能对复杂的产业场景进行规范性整合。

不同来源数据的特点及治理路径对比如表 3.1 所示。

表 3.1　不同来源数据的特点及治理路径对比

数据种类	个人数据	政府数据	企业数据
数据特点	具备人格权和财产权的双重属性；保护数据主体，强调对数据收集方式和处理方式的合理性	政府拥有和管理的数据；是基础性、战略性数据资源；应用处于起步阶段	数据跨度广，体量大，注重数据价值的挖掘；不同行业等对数据都有不同的划分标准和体系规范
治理路径	加强个人数据隐私保护，采集方式和采集目的的合法合理性，具体包括限制目的、知情同意权、信息自决权等方面	分级、分类，强调数据开放性和数据流动性在发挥数据能力上的作用；具体还需技术支撑以及立法与配套政策支持	做好数据的分级、分类，加强敏感数据识别和数据类别的定义。在满足合规要求的基础上，提升企业数据资产化、企业信息化水平和运营能力

3.1.2.2　数据传输：以技术为基础，以政策为指引

基础设施犹如经济社会发展的筋骨，节点布局合理、网络密度适宜、通道运行高效、传输能力符合社会需要，筋骨就强健有力，对经济社会发展的支撑就稳固有效。网络基础设施经常被类比于传统基建中的铁路公路建设，伴随国家信息化建设的推进，数据网络的信息安全保障已上升至国家网络空间战略高度。

在传统理解中，网络运营商被看作保障数据安全传输的主体。但随着信息供应链的日趋复杂，产业链也在逐步细化，设备集成商、网络服务提供商、软件供应商都广泛地参与到数据传输的关键工作中。5G 作为新基建中数据传

---

④ 两化融合是指电子信息技术广泛应用到工业生产的各个环节，信息化成为工业企业经营管理的常规手段，信息化和工业化相互融合。

输的重头戏，5G 涉及的范围不仅包括通信设备、网络建设等基础设施，还包括智能驾驶、工业互联网、人工智能、远程医疗、智慧城市等外延产业链群的同步升级。

在网络基础设施扩大建设后需要重新评估现有网络政策和安全治理框架，扩大网络安全保障范围，重新评估并建立具备一定长度、深度、广度的立体化网络空间治理体系。网络空间的治理涵盖技术和政策两个角度，行业规范组织从技术角度对设备制造商、软件供应商、互联网运营商，以及互联网服务和内容提供商等所提供的服务进行技术安全保护和行为界定；同时，需要国家和政府从政策及法律法规的角度对网络空间的生态系统加以整合和制定战略性规制。数据传输中政策与技术层面的区分与对比如表 3.2 所示。

表 3.2　数据传输中政策与技术层面的区分与对比

	层面	治理主体	现有政策及技术规范
治理层面	政策角度：战略性布局及政策法规	全国人民代表大会 国务院 地方政府 相关部门	《网络安全法》 《关于加强国家网络安全标准化工作的若干意见》 《信息安全等级保护管理办法》 《电信和互联网用户个人信息保护规定》 《数据安全管理办法》 《区块链信息服务管理规定》 《互联网信息内容管理行政执法程序规定》 《中国人民共和国电信条例》
	技术角度：行业标准化组织	国际：国际电信联盟（International Telecommunication Union，ITU）、第 3 代合作伙伴计划（3GPP） 国内：全国信息安全标准化技术委员会（TC260）、中国通信标准化委员会（China Communications Standard Association，CCSA）	3GPPSA3《5G 系统安全架构和流程》 CCSA《5G 移动通信网通信安全技术要求》《5G 移动通信网络设备安全保障要求—核心网网络功能》 《移动通信网络设备安全保障 要求—5G 基站》
执行层面		移动网络运营商（Mobile Network Operator，MNO）、设备和服务供应商的制造商、移动网络的服务和内容提供商、终端用户	
治理对象		网络基础设施：核心网络、无线网络、光网络、NFV、移动终端等	

3.1.2.3 数据存储：新形态下的数据中心治理

数据存储主要由大规模数据中心进行承载。在新基建时代数据中心的组织形态将发生巨大变化，成为促进 5G、人工智能、工业互联网、云计算等新一代信息技术发展的数据中枢和算力载体。海量数据将推动数据中心向超大规模方向发展，对时延要求敏感的 VR/AR、自动驾驶、远程医疗等业务场景使计算能力逐步向用户端下沉，边缘数据中心的需求迅猛增长。考虑到自然灾害、病毒攻击等不可控因素影响，数据的异地灾备，分布式云数据中心将进行更大范围的协同布局和整体优化。经过调整的数据中心组织形态，将更好地面向新基建下的多场景业务需求，但是其多节点、广分布、跨地域的形态特点，也给数据存储的治理带来了新的挑战。针对数据中心面临的新挑战，应从应用需求和立法监督的角度，加强数据存储治理。

从应用需求角度，加强数据中心和网络建设协同布局。构建基于云、网、边深度融合的算力网络，满足在云、网、边之间按需分配和灵活调度计算资源、存储资源等需求。统一数据中心的技术标准，优化网络组织结构，从基础能力上保障海量、异构、多样性数据接入，维护数据中心的物理环境、数据存储安全和数据处理能力。由工业和信息化部牵头组织，中国数据中心工作组、中国数据中心产业发展联盟、中国数据中心技术委员会、数据中心联盟、中国绿色数据中心推进联盟等均致力于推进数据中心基础设施的技术能力治理提升，并推出了相关系列国家和行业建设标准[⑤]。

从立法监督角度，结合当前分布式数据存储的特点，要重点加强离岸存储数据的确权管辖。由于历史因素和传统的不同，各国数据规制制度存在显著差异，数据业务的跨国提供和数据的离岸存储带来地域管辖上的冲突。我国大数据发展的国际环境日趋复杂、治理难度系数逐渐提高，围绕着数据资源的跨境

[⑤] 现行数据中心相关规范有国家标准《数据中心基础设施运行维护标准》（GB/T 51314—2018）、《数据中心设计规范》（GB 50174—2017）、《互联网数据中心工程技术规范》（GB 51195—2016）、《数据中心基础设施施工及验收规范》（GB 50462—2015）、《计算机场地通用规范》（GB/T 2887—2011）等。

传输与数据主权、开放数据的共享利用与安全保护及敏感数据的情报萃取与反渗透、反窃密等行为的博弈较量日趋激烈。2016 年 11 月出台的《网络安全法》首次以国家法律形式明确了中国数据跨境流动基本政策，但仍缺少明确的评估方式和评估机构。

从美国、欧盟国家和俄罗斯这三大数据跨境保护阵营的实施策略中，我们发现，国家的数据技术能力与立法的限制程度成反比，数据治理能力的综合体现为技术治理能力与政策治理能力的叠加，二者呈互补的关系。数据中心的治理以保护国家数据主权作为第一需要，数据流动价值需求次之。这种规律也为我国制定数据信息保护和管辖规范制定提供了一定的参考价值。

3.1.2.4　数据加工：对智能算法及产品的规制

数据加工是对数据价值的深度挖掘，涵盖人工智能、数据挖掘、智能感知、智能交互等多重技术，是数据成果化实现的关键环节和信息技术的核心动能。随着数字基础设施建设的发展，数据传播的内容将更具社会渗透力，数据加工的结果对人类的社会化方向和内容将产生更深远影响。

从社会治理的维度上讲，人类行为数据正通过算法以一种全新的方式关联运行。人工智能应用下的信息生产和运行模式、行为决策机制、社会关系结构等方面正在发生深刻的改变，对于一些问题，传统法律法规只能进行事后救济，而技术规则可以通过代码进行事先预防。

首先是对于智能算法本身的规制。智能算法是"以数学形式或计算机代码表达的意见"，但其内核和运算过程带有不透明性和不可解释性，同时大量数据经过算法的循环推演又会把这种歧视倾向进一步放大或固化，从而造成"自我实现的歧视性反馈循环"。算法歧视和算法黑盒的结果应用在社会价值的判断中，就会直接影响到相关主体的权益，带来现实社会中"偏见"和"歧视"。当前，人工智能算法和相关业务规范已在不同条款中有所涉及。

其次是以智能算法为内核的智能产品法律地位及权利义务关系问题。如人工智能创作成果的知识产权争议，智能算法致第三方损害涉及的责任承担问题等。以无人驾驶汽车交通肇事为例，其在刑事和民事领域的责任主体构成上与有人驾驶的机动车肇事案件需要进行明确的区分。

智能算法仍具有高度的不确定性，相关数据体量庞大，相互依赖性强，影响后果的因素复杂，这种不确定性使得法律制定在事后干预措施的可控性较弱。因此在立法层面要积极推动人工智能责任立法及自动驾驶、医疗机器人等领域的相关细分，如何对特定场合中相互冲突的利益进行道德判断和取舍，以及在此基础上如何调整法律理念、制定法律规范和分配法律责任等问题。

3.1.2.5　数据应用：平台风险的管控

数据应用的治理是指对不同应用场景的数据资源再分配和数据安全管理。目前网络和数据安全风险不断向平台转移，安全形势愈加复杂，工业互联网正在成为网络安全的主战场，且工业大数据多涉及民生、军事等重大方面，工业互联网安全事关国计民生和国家发展的安全。新基建通过"数字化""信息化""智能化"对传统行业进行重塑，逐步呈现数据平台化和数据产业链分工细化的趋势。要结合产业环境，针对行业数据差异性的特点，通过区分化的数据治理思路实现行业数据价值升级。

技术安全保障是工业互联网数据平台治理的基础，通过技术治理赋能我国工业互联网平台运行的数据采集、监测、感知和预警等工作，有助于实现工业企业数字化、网络化、智能化的综合应用能力提升。强调平台数据使用安全，在防护维度上加强数据监控和数据感知，避免工业互联网大规模安全事件发生。国内外工业互联网技术标准体系正在逐步建立完善，我国信息安全标准化技术委员会、中国通信标准化协会（CCSA）等标准组织已分别从不同层面定义了安全防护总体要求、接入要求、检测要求、监测管理要求等评估标准。

3.1.2.6　数据清理：不同清理需求的区分

海量数据涌入信息系统，带来商业价值的同时也带来了大量的数据冗余。数据的清理可以发生在数据处理的各个环节，是数据生命周期的重要组成部分，却是最容易被忽视的治理环节。2018 年后，随着 GDPR 数据删除权的提出和施行，数据清理、数据丢弃问题开始被划入数据治理的范畴。什么样的数据可以被清理；哪一个数据主体有决定数据可以被删除的权利；业务数据被删除后，数据副本是否依旧留存；"互联网的记忆"要维持多久；数据的清理周期是如何规定的等，这些都成为在数据清理环节中需要解决的治理问题。数据清理按照清理目的不同分为以下三大类。

1. 数据处理过程中的技术性剔除

数据的采集过程通常涉及一个或多个数据源，而从这些数据源获取的数据并不是系统可以直接处理的数据，而是存在噪声数据、冲突数据和格式问题数据，系统需要对脏数据清洗剔除、格式梳理，并根据规则进行数据转换和数据集成。在这一部分需要结合数据处理目的，来把握数据的业务规则、约束范围、数据完整程度等具体指标，将不正确的数据删除、纠正或重新估算。这一数据清理过程保证了数据的合法性、一致性、完整性和准确性，避免了数据系统的"垃圾进、垃圾出"的现象，是数据后续处理的基础。

2. 数据主体的主观清理要求

参考 GDPR，数据被删除的情况大体可以分为两种，一种是以信息错误或无法按照约定情况处理为前提，如违法收集、利用，与第三方共享、转让或公开披露等；另一种是以信息过时、出现不相干等有害于数据主体的信息为前提。从治理角度看，GDPR 将一部分数据的管控权利交给个人用户（即数据主体），带来了数据删除权利与人格权、隐私权关系的进一步讨论，对新时代的个人隐私保护和电子商务的发展将产生深远而重大的影响。但在具体操作方面，数据删除权利却带来诸多问题。数据处理链条的每个步骤都是保存副本的，包括负责数据处理的第三方。搜索界面取消链接，业务的下架不代表数据的真正消失，GDPR 里规定的数据不能被访问到不代表数据在系统层面的真正删除。个体数据进入系统中后会与大量数据进行耦合，对于指定个体数据的删除或迁移都给系统的存储和计算带来了巨大的技术压力，给企业带来高额的合规成本。因此迫切需要具体的执行规范来进一步保障操作的合理和合规性。

3. 企业数据的周期性归档与销毁

该阶段数据的销毁是将数据彻底从物理介质上的主动转移或删除。信息的价值会随着时间的推移而降低，当数据不再有立即相关性后，数据企业会从生产系统中清除使用率低的数据，降低拥有成本。在企业要保证数据的销毁不能与政府条例和法律法规相违背，以及与在诉的争议性数据无关的前提下，数据的归档与销毁需要企业依照行业制度分级分类地对数据保存时间、处理周期、销毁方式或归档封存情况出要求。信息时效性是企业数据周期性管理的重要指标，企业或行业组织应建立明确、科学的数据回收和销毁规则。

3.2　算法安全

算法技术逐渐嵌入新基建的各个方面，成为提高社会治理智能化和专业化水平的重要支柱。随着人工智能的逐步发展，算法的安全越发引起人们的重视。AI 安全的核心即是算法安全。我国《数据安全法》的推行可以为数据安全治理提供方向，但还需要相应的技术来配合数据安全治理的落地，也需要根据数据安全治理的主要理念，如隐私保护或数据权属，进行数据安全治理的技术路线研究，形成推进数据安全治理的相应思路。

算法是基于特定的计算模型，旨在解决某一信息处理问题而设计的一个指令序列。算法是任何定义明确的计算过程，该过程以某个值或值的集合作为输入，并以产生某个值或值的集合作为输出，算法就是把输入转换成输出的计算步骤的一个序列。

算法必须具有以下特征。

（1）输入：待计算问题的任一实例，都需要以某种方式交给对应的算法，对所求解问题特定实例的这种描述统称为输入。

（2）输出：经计算和处理之后得到的信息，即针对输入问题实例的答案，称作输出。

（3）确定性：算法应可描述为由若干语义明确的基本操作组成的指令序列。

（4）可行性：每一基本操作在对应的计算模型中均可兑现。

（5）有穷性：任意算法都应在执行有限次基本操作之后终止并给出输出。

计算机中存储和组织数据的方式称为数据结构，因此计算机中的算法通常也与数据结构紧密相连。最常见的一类算法就是数据结构的插入、删除、查找、遍历、排序等，一般此类算法会封装为编程语言的标准之一，如 C++ STL 中的算法。除了数据结构相关算法，还有图算法、数论算法、矩阵运算、计算几何、压缩算法、加密算法、数据挖掘算法、并行算法等。算法设计与分析的基本方法有蛮力法、分治法、动态规划、贪心算法等。然而，并非所有问题都存在有效算法，对于非确定性多项式（Nondeterministic Polynomially，NP）完全问题是否存在有效算法是未知的。常见的算法分类如图 3.2 所示。

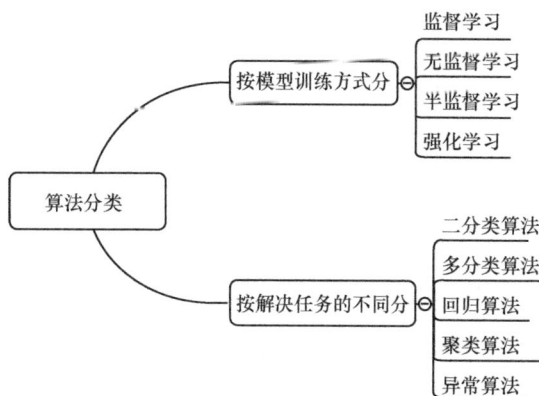

图 3.2　常见的算法分类

3.2.1 应用层面对算法安全的需求

3.2.1.1 算法的知情权

在计算机界，算法常常被认为是按照设计程序运营以期获得理想结果的一系列指令。由于算法技术本身存在黑箱问题、算法技术人员可能出现的伦理责任缺失、治理主体过分依赖工具理性等，算法技术在社会治理中的广泛应用带来了一系列伦理风险：削弱人的自主性，凸显反主体性冲突；抑制公民知情权，损害社会公正；自我认知焦虑，个人隐私空间坍塌等。为防范上述风险，需要从3个方面进行伦理调适：从事前（算法技术设计之初）、事后（算法应用阶段）两个维度对算法进行技术应对；强化算法技术人员的责任伦理意识；彰显价值理性，强化社会监督。

从应用的角度来看，以个人信息为例，在基于个人信息处理的算法决策场合，个人信息实际上是通过算法的方式予以处理和分析的，信息处理者也应当有相应的说明义务。算法说明义务的存在意在保护个人权益。个人需要获得关于算法决策的解释说明，意味着决策对个人将会产生或已经产生实质性影响。对个人有实质性影响的决策一般也基于个人信息的处理，在信用评分、刑事量刑等典型情形中皆是如此。因此，算法说明义务可谓一般意义上的个人信息处理者，说明义务在算法决策场合的推演。

算法公开一直被认为是监管体系中的重要一环，即通过提高算法的透明度，打开算法黑箱以达到监管算法的目的。然而，算法公开对于监管算法的效果是较为有限的。

人们在强调算法公开正确性的同时，也对算法公开的可实现性提出了相应的质疑。①商业秘密。算法本身具有很大的商业价值，对算法代码进行公开会损害算法制定者的利益。正确的算法会给用户带来极佳的体验，但公开会让竞争对手获利。例如，谷歌的保密政策不仅使垃圾邮件发送者不能操纵谷歌的搜索结果，而且可以防止竞争对手借助或模仿它的算法来创建新的算法。与专利程序不同，谷歌的算法不能被强制披露，而且所受保护没有终止日期。②算法权威与功能的维护。算法权威在一定程度上来自神秘性。对决策的各个方面保密，有助于防止系统的策略性"博弈"。例如，美国国税局可能会根据之前审计过的报税表，在与逃税高度相关的报税表中寻找迹象。

作为一种技术方案，知识产权保护对算法的研发具有重要的激励作用。然而，算法在现行知识产权法律框架下很难获得专利权、著作权的保护，从而需要寻求商业秘密保护。第一，在专利权保护方面，智力活动的规则和方法不属于专利保护的客体，这是公认原理，我国《专利法》第 25 条也是这样规定的。而算法正是一种智力活动的规则和方法，其本身并不能获得专利。但是，包含算法的技术方案是一种技术领域的发明，应当可以获得专利。在大数据和人工智能发展背景下，国家知识产权局于 2019 年 12 月 31 日修改了《专利审查指南》，明确了抽象的算法本身不能获得专利，但包含算法的技术方案在满足新颖性、创造性、实用性等可专利性条件下可以获得专利。据此，算法可以通过纳入整体技术方案的形式间接地获得专利保护，但将算法作为整体技术方案的一部分的保护方式有一定的局限性，他人的侵权也限于对整体技术方案或等同方案的侵权。此外，从商业竞争的角度而言，即使是通过专利制度来间接保护算法也具有很大的缺陷。第二，在著作权（版权）保护方面，算法可以被分解为一系列的数字化的代码和命令，犹如其他语法字符串，这些代码和命令可以获得版权保护。但著作权法仅保护算法的表达层面，即代码和命令的符号组合，而不是算法本身。

综上所述，专利保护和版权保护在算法保护上都存在不足，并非算法保护的首选之策。因而，商业秘密成了算法及其源代码的默认保护方式。在我国已有涉及算法系统的商业秘密保护和算法披露之间的冲突问题的案例。除了技术层面的算法，算法运用的数据也可能构成商业秘密。以商业秘密保护之由，拒绝算法的披露和说明，无疑会产生一定的负面效应。正如学者指出，如果不先公开和检查源代码，他人就不可能知道某种算法是可以作为商业秘密。因此，即使决策程序使用的软件代码和算法来自公有领域，算法所有人或使用人仍可能声称其属于商业秘密，以此名义，不予披露。

算法的商业秘密保护实际上是认可"算法黑箱"，并在一定程度上将之合理化，与权力行使的透明原则相悖。如何解决算法的解释说明和商业秘密保护之间的冲突，是一个较为棘手的问题。一种思路是个人信息保护优先于商业秘密保护。欧洲有学者认为，与保护商业秘密相比，GDPR 更倾向于强化对个人数据权利的保护，因此，建立在个人数据权利基础上的算法解释权相较于商业秘密具有优先地位。在中国法的语境之下，个人信息和商业秘密属于等阶的权益。因此，权利化的个人数据利益高于非权利化的商业秘密利益，这在欧盟法的语境下可能成立，但在中国法的语境下并不一定成立。

3.2.1.2　算法监控

在资本逻辑占统治地位的现代社会，算法通过整合分析监控所得数据展现出的巨大利润图景受到资本推崇。在资本扩张逻辑的支配下，算法监控如毛细血管般遍布社会各个角落，使得社会变成了一个数字化算法空间。在大数据时代中，人们技术化的生活方式使得每个人都会"沉浸"在"信息茧房"之中，受到技术空间权力的监视与规训，每个人信息权力都有可能受到严重冲击，人们读书、写作、科研都将受到"个性化"推荐算法逻辑的控制。就此而言，文化本身成了"编码空间"，文化空间与网络空间在算法监控中的联合使得文化被算法垄断，算法监控通过强大算力与海量数据不仅塑造与框定了文化，更以不被公众意识到的方式成为文化本身。此时文化的意义在于操控。正如尼尔·波斯曼所说，在信息化时代，技术垄断文化，文化已经向技术投降，而信息化技术在其中扮演着至关重要的作用。"信息茧房"产生的主要原因有两个方面：一是自身原因。人自身的思维惰性热衷于最熟悉的信息来源，这种思维习惯自然而然地会把自身困在"茧房"中；二是技术原因。数字平台为了能够在激烈的竞争中留住用户，就要依靠"投其所好"原则，放大与强化对用户社会需求的满足，不断地推送用户感兴趣的信息，提高用户满意度。数字平台利用算法来监控用户的数据足迹，并在此基础上进行"个性化推荐"，使得用户陷入它们编制的"小世界"中。

从另一个角度看，算法监控算法标志着管理功能的自动化，同时也意味着算法将扮演全部或部分的管理者角色。算法涉及一系列以应用程序为基础，旨在为人类管理者提供信息并形成决策的工具，它与算法人力资源（Algorithmic Human Resources）等其他术语同义。算法允许使用大数据分析技术对软件工具进行升级，以执行之前只能由人工完成的任务，包括筛选求职申请、分配工作任务、确定工资标准、排班和跟踪工时等。例如，在筛选求职申请方面，算法通过使用基于搜索引擎的工具来检查求职者的工作状态，利用机器学习算法（Machine Learning Algorithm）建立求职者的评价模型。

3.2.1.3　推荐算法的应用

智能推荐算法技术已被广泛应用于新闻类软件、购物类软件、短视频类软件等。今日头条、快手、抖音等 App 都是依靠智能推荐算法向用户提供个性化的内容推送；淘宝、京东、拼多多等 App 亦是通过此技术将商品的广告和链接精准地投放给不同用户；滴滴、美团打车、高德地图等 App 更是可以根据用户的实时位置，准确地推断出用户的上车地点及打车的目的地。随着智能推荐算法技术的逐渐成熟，此种收集、分析用户信息并进行个性化订制及精准投送的商业模式为各大科技公司带来了巨大的附加利益，同时也在一定程度上提高了用户的满意度，增加了用户黏性，实现了双赢的局面。

科技是一把双刃剑，智能推荐算法在得到广泛应用的同时，其所带来的负面效应也不容忽视。突出问题主要包含以下几点：一是会造成话语体系失控，本应是用户可以平等自由地分享自己动态和想法的平台，但由于软件程序的精准定位，平台往往会抹去与自身想法背道而驰的言论，从而可以达到操纵舆论的境界；二是导致"信息茧房"的形成，用户最初进行搜索相关内容时可能只是基于自己的一点好感或一丝兴趣，但由于算法的定位与系统不断推荐，会使事物愈发两极分化，侧重点不断增强，从而使用户的心理预期倍数增长，极端事件也愈演愈烈；三是带来隐私的侵犯，用户在每使用一款软件时都会对该软件进行相应的授权或完善自己的信息资料，但是该软件在得到每位用户的隐私数据后如何应用信息无人知晓，并且当用户不想再使用此软件，将软件退出登录并卸载后，此前登录填写过的信息是否可以做到一并删除仍值得深究，同样如果用户想购买私密商品，此时软件程序依旧在智能推荐，是否会加重用户的使用负担；四是会带来对用户的偏见和歧视，每位用户的收支能力不一，但当软件程序捕捉到该区别再进行智能推荐时，就会呈现出不同的用户使用同一款软件实施相同的行为，但带来的结果却是天差地别，此行为是否已侵犯公民的合法权益，如果有心存歹念的人利用此种技术，则造成的损失后果又将由谁来承担。

3.2.2 算法对技术层面的安全保护

3.2.2.1 云计算算法

云计算技术在为各行业提供诸多便利的同时，也带来了新的安全技术风险、安全合规风险，如云计算的虚拟化技术不可控风险、云计算网络隔离不可靠风险、软件定义网络导致的云计算边界不确定性风险等。随着《网络安全法》的正式实施，云计算安全问题被提升到了新的高度。

云计算技术主要面临三大层面的安全威胁：以操作系统等基础部件为主的基础设施即服务（IaaS）层，以网络平台开发环境和资源为主的平台即服务（PaaS）层，以软件实际应用为主的软件即服务（Saas）层。依据三大层面可将云租户责任和云服务商责任模式进行划分，如表 3.3 所示。软件即服务层的数据信息既是租户应承担的责任，同时是云服务商的负责领域，只有 IaaS 层的数据信息是租户负责的。

1. 安全服务体系

现有的云计算安全技术可以针对用户对数据安全性的需求等级，将其服务体系分为 3 种：第一种是以公共服务平台类型为主的云计算安全基础服务体系；第二种是以商务应用服务类型为主的云计算安全应用服务体系；第三种是以政府军队的部分保密机关为主体的云计算安全军政服务体系，3 种服务体系对应的主体及研发难度如表 3.4 所示。

表 3.3 云租户责任和云服务商责任模式

角色	IaaS	PaaS	SaaS
租户责任	数据 应用 中间件 操作系统	数据 应用	数据
云服务商责任	虚拟化 服务器 存储 网络	中间件 操作系统 虚拟化 服务器 存储 网络	数据 应用 中间件 操作系统 虚拟化 服务器 存储 网络

表 3.4 3 种服务体系对应的主体及研发难度

	云计算安全基础服务体系	云计算安全应用服务体系	云计算安全军政服务体系
主体	学校等公共服务平台	企业等商务运营集团	部队等军政机关单位
研发难度	低	中	高

云计算安全基础服务体系以提高社会公民生活水平为基准，在保证公民信息安全的前提下，创造公民衣食住行方面的便利条件。现阶段以阿里云、美团云、携程云等为广大公民提供云服务为主，部分社区实行智慧城市标准，开启社区云服务，逐步提高居民生活水准。

云计算安全应用服务体系通过设置企业各员工权限，提供云办公环境，保证员工的办公效率和公司内部信息的安全性，同时配合高权限者的身份管理，以及公司云监管、云审计，保证了公司的财务透明度。

云计算安全军政服务体系通过加密使用者在应用层上传的数据做出对数据的基本加密，通过数字签名等非对称加密算法保证在机关开会期间的数据完整性和可靠性，同时对机关工作人员的身份进行鉴别，并在此基础上添加对称加密算法与其结合等方式，保证了政府及军队信息的保密性，同时通过多重云监管模式和在职人员的权限设置，保证政务信息不被泄露，保证每一位使用者不会浏览到越过自己权限的信息，保证政务信息的专一性，同时可以防止垃圾信息进入云办公环境中。

2. 应用层加密算法

随着互联网的发展，抖音、新浪微博、知乎等 App 越来越得到各个年龄段人群的青睐，但用户在使用中只能控制粗粒度的访问，无法控制细粒度的访问，在此层面可以给被关注者细粒度访问的授权，或设置密文控制访问权限，同时保证用户可以有选择地决定应用软件是否可以使用手机定位信息。此外，可以通过随机哈希锁实现 RFID 的安全保证和数据加密，防止在消费中造成数据泄露。

3. 数字签名算法

在非对称加密领域，数字信息更能体现数据的真实性和完整性，于是通过数字串形成数字签名成为该领域研发较多的技术。对于安全性要求较高的信息数据，一般使用融合数字签名与其他身份鉴别技术组成身份认证系统，避免使用者的隐私信息泄露或者身份造假，确保数据使用的安全性。目前，通常使用融合二维码、数字签名和人脸识别等技术的身份认证系统。为了实现有效云计算框架之下的安全服务，目前比较常见的数据访问控制策略包括基于身份认证的访问控制和基于属性加密的数据访问控制两种。其中前者主要是在数据加密的基础之上引入可以信任的第三方，来对用户身份进行考察验证，从而确保公钥安全。但是后者在当前的云环境中则更为常见，这是一种将数据传输过程中角色与权限绑定修改为属性与权限相结合的控制机制。只有当属性满足条件时，才能实现数据资源的获取。与传统的数据访问控制相比，此种控制方案可以改善细粒度不足的问题，尤其符合当前云背景下一对多的访问要求。当前属性加密访问控制领域中，密文策略属性基加密（Ciphertext Policy Attribute Based Encryption，CP-ABE）方案比较常见。在此种方案之下，用户属性集合负责定义和描述用户解密密钥，而数据属主定义的访问结构则用于确定数据密文的生成方式。在此框架下共有 4 个角色，即认证中心、云服务商、数据拥有者和用户。其中认证中心负责为数据拥有者和用户分别提供公钥和私钥，数据拥有者将数据送达云服务商，并且约定密文访问策略，而用户则面向云服务商提出访问请求，并且当请求符合对应的属性条件就可以执行解密。这个过程对于用户来说比较简单，为整个云环境带来的运算量也十分有限，尤其是当云规模不断扩大的时候，此种策略有着良好生命力，但是仍然存在着属性撤销及密钥泄露等风险。

4．访问端与被访问端双向验证算法

访问端与被访问端双向验证是一种常用的云计算安全机制，主要是利用 D-H Model（密文技术+IBE 加密），对用户设备和服务中涉及的数据进行防截取式加密，并对未经用户授权数据截取操作进行异步拦截、追踪。

5．引用云端数据安全访问算法

为保证云端数据安全，可以利用基于属性的密文加密算法——CP-ABE 算法，将属性集合作为用户身份认证方法，给多个拥有共同点的用户同时发送信息。即先加密再寻找与条件相符用户，降低数据泄露风险。

6．规范服务器端设备传输协议

考虑到在云计算安全技术架构中，用户对服务端设备关系为多对多，云计算服务商需要对用户数据、数据传输及服务商自身数据负责。基于此，可利用对称加密、非对称加密算法，在安全套接字（SSL）协议约束下，对安全传输模块进行规范化处理，或增设第三方进行密文规范制定，保证云计算数据安全。

3.2.2.2　物联网算法安全

物联网是由多个不同层次的结构组合而成的。应用层是最顶层，其中人机交互及对信息进行处理都需要通过应用层来完成，以此为基础将经过处理的信息直观地呈现给用户，能够将个人及其不同领域的信息化需求与物联网技术进行有效融合，以此来让物联网技术得到更加现代化的发展。网络层是一个非常关键的组成部分，物联网以互联网技术或移动通信的网络作为运作根基，网络层对于感知数据的管理及处理技术是整个物联网技术层面之中的重中之重，对于数据库信息的分析与查找有着非常关键性的作用。感知层是必不可少的一个层面，其主要功能是将信息感知技术合理良好地运用，以此为基础来进行有关数据信息的收集。

技术层面，技术感知系统层面的安全问题主要源于物联网感知系统，该层面的技术及其信息安全过滤系统均是经过物联网系统来达成的信息安全的重要保护屏障，在物联网的感知系统中非常容易出现隐私信息的盗用与泄露和恶意病毒的非法进入等重大安全问题，这对于物联网信息的安全传输产生了非常严重的威胁。从目前来看，物联网信息安全还容易受到外来信号的干扰或出现信息中断或时断时续的情况。除此之外，在信号断开的时间段，非法分子会趁机侵入。网络恶意入侵的情况不仅影响用户日常用网，还会直接影响物联网整个系统架构的安全性。很多非法分子开发具有病毒或攻击性较强的软件来恶意入侵用户的计算机系统，盗取用户的私人信息。另外，还有其他的网络恶意入侵方法，例如利用网络扫描枪、运用木马病毒来进行网络攻击。在目前充满未知的物联网状态之中，用户还会在不经意间造成财务密码的泄露，造成一定程度上的经济损失，所以保证物联网信息的安全有效传输，是目前迫在眉睫的必须要解决的问题之一。

在物联网的技术体系中，所涉及的其他技术是非常烦杂的，其中感知技术是非常重要的一部分。物联网是由不同的自组织无线网络系统及其在监测区之中所安置的多个传感器节点搭建而成的，在网络能够触及的领域之中，传感器节点能够感知到对方想要传输的信息，并且可以对该信息进行合理有效的筛选处理，之后再将已经筛选处理好的信息传递给另一边的需求者。传感技术在不断地进步，其所借助敏感材料及其机理等对物联网的信息进行有效的处理与筛选，所传递信息的可靠性、安全性都有了一定的保障。识别技术也是物联网技术体系中比较关键的一项技术，该技术主要是针对物理世界的识别操作，同时是进行数据感知的根基。物联网技术体系中的计算技术应用及其管理与承载技术也是必不可少的部分，其中所触及的测量分析及其网络管理的技术，这些都是在保障网络稳定运用及其网络安全中不可缺少的关键技术。以上这些技术在运用的时候都将自身的独特优势进行着良好的发挥。

1. 生物身份识别技术

生物身份识别技术是以计算机及生物光学、声学、生物传感器、生物统计学为基础而形成的高科技手段，其原理为借助人体自身固有的不可被替换的生理特征，如指纹、面容及其虹膜等，与人体自身的行为特征，如笔迹、声音、行走的姿态等进行个人身份的识别与鉴定方式。人体自身的特征具有不能被复制的生物固有特性，如指纹识别，将指纹识别技术引入物联网安全系统中，从宏观的角度来说，这能够为物联网安全提供保障。除此之外，人体的固有特征还包括虹膜、面容、掌纹、声音及其骨架等，虹膜是最无法复制最具有安全性的特征，这也让社会各界将研究侧重点聚焦到此处，并对此有了非常深入的研究。

2. 数据加密技术

数据加密技术主要指用户将传递信息的数据（Plaintext，明文），经过一个加密的过程（Encryptionkey）及其加密函数的转变，形成一个毫无意义的密文（Ciphertext）。当信息传递给接收方时，接收方将毫无意义的密文进行正规的解密转换之后，还能够将信息还原成最初的有意义价值的明文。数据加密技术只能在被选定的网络主体用户或有网络的数据中，才能够解除密码来获取传输方想要传递的信息或者数据，这便需要给用户或数据接收方一些较为特殊的具有秘密性的网络信息来进行数据信息的解密，这就是密钥。密钥是从海量的加密函数中随机筛选出来的。

3. 防火墙技术

防火墙主要是指由计算机软件和硬件设备组成的，部署在公共场所的内网与外网中、专用网络及其不同公共网络之间的衔接点上的，保护网络安全的屏障。应用防火墙技术能保护计算机中用户的个人隐私及防治外来病毒侵入。借助计算机内部网络与外部网络的衔接点，建立有关的计算机网络通信监控及系统体系来科学有效地隔绝公共网络与专用网络，以此为基础，能够有效抵挡外界不良信息与病毒对计算机物联网的侵袭。

4. 入侵检测技术

网络入侵检测技术是对物联网及其计算机信息资源的不良使用行为进行检测并对入侵完成处理的技术。入侵是私自入侵计算机包括物联网内没有经过授权的非法行为，使用入侵检测技术就是让物联网与计算机在进行操作时能够及时发现入侵行为并向用户进行反馈，让用户及时地抵挡入侵。

3.2.2.3　人工智能算法安全

算法安全技术是指针对人工智能算法部署的安全防御技术，涵盖以下 5 个方面。

1. 算法鲁棒性增强

人工智能算法模型的鲁棒性主要面临两个方面的挑战。一是正常环境扰动对算法模型鲁棒性的影响，例如拍摄光线的亮度、角度、距离等都对机器视觉算法的鲁棒性造成了影响。二是恶意攻击者对训练数据和运行输入数据进行的特定扰动对算法模型鲁棒性产生影响，例如训练数据投毒、对抗样本攻击等均可导致人工智能算法模型产生错误输出。综合运用数据增强、鲁棒特征学习、模型随机化、模型正则化等方法，能够有效提升人工智能算法模型的鲁棒性。

2. 算法公平性保障

在算法层面实施的保障公平性的技术措施主要有两类。一是改进人工智能算法自身，例如通过对算法附加公平性约束条件、减少算法对敏感属性的依赖、消除偏见处理等方法增强算法自身的公平性。二是开展人工智能算法公平性审计，设计算法公平性审计数据集和审计指标，客观评价算法的公平性。例如，Google 开源的 TensorFlow 约束优化库（Tensor Flow Constrained Optimization，TFCO）就提供了相应的功能，供开发者调用。

3．算法可解释性提升

提升人工智能算法可解释性的方法主要有两类。一是算法模型自身可解释，对于已经训练好的算法，模型无须额外的信息就可以理解模型的决策过程或决策依据，如朴素贝叶斯、线性回归、决策树、基于规则的模型等。二是算法模型事后解释技术，即利用解释方法或构建解释模型对已经训练好的算法模型的工作机制、决策行为和决策依据进行解释。

4．算法知识产权保护

在算法模型训练时将水印嵌入模型文件的算法水印技术，实现了对算法模型窃取行为的追踪溯源。攻击者使用目标模型的输入/输出在训练一个代理模型时，隐藏的水印也会被学习到，因此，可以利用这种机制在模型被窃取之后进行取证溯源。

5．算法安全评测

综合运用公平性、鲁棒性、可解释性等方面的安全评价指标和评测技术工具，全面分析人工智能算法面临的安全缺陷和问题。

3.3　网络安全

3.3.1　网络安全需求的发展与变化

3.3.1.1　新的社会形态对网络安全提出新需求

所有在网络层面关系到安全问题的内容，都被统称为网络安全。网络安全是指网络系统的硬件、软件及其系统中的数据受到保护，不因偶然的或恶意的攻击而遭受到破坏、更改、泄露，系统连续可靠正常地运行，网络服务不中断，其具有保密性、完整性、可用性、可控性、可审查性。

加快推进新基础设施建设成为当前乃至今后一段时间的重要基础建设任务，这既包括了数字化、智能化的新型基础设施建设，也包括了传统设施的数字化和智能化改造。习近平总书记强调，要积极发展网络安全产业，做到关口前移，防患于未然，进一步明确了我国网络安全产业发展的总体思路，为网络安全产业发展指明了方向。"安全为先、需求牵引、开放协同、应用驱动"的新型信息化基础设施建设，将会形成数字社会发展的新模式之一，也为网络安全产业发展带来新机遇。

从网络安全产业发展历程来看，主要经历了 4 个阶段。一是以通信保密为核心的网络安全产品研发和应用，推动网络安全产业以通信为基础的发展，产品主要是以各种密码机为主的密码产品，服务对象主要是军队和党政机关，以及部分为党政机关提供服务的企事业单位。二是以计算机与互联网的安全防护为核心的产品和服务，主要是以防病毒、防入侵等隔离、防护、监控产品为主。三是以基础网络和重要系统信息安全防护为重点的产品和服务，这一阶段网络安全产品范围进一步扩大，除了传统的网络安全产业，网络安全监测、安全感知类、主动安全类产品比重逐渐增大。四是以网络安全与各产业融合化为重点的产品和服务，产品包括安全信息技术产品、信息安全防护产品、信息安全服务产品等，网络安全产品和服务既包括传统的安全产品又强调系统的原生安全即系统或设施的本质安全，服务对象除了传统的安全层面，还包括整个国家层面，涵盖制造业、民生、基础设施等重要领域，也包含网络空间安全的各个方面。安全产业呈现底层化、综合化特点，安全新技术、新应用层出不穷，安全平台化、服务化、融合化特点更加突出。信息安全防护阶段示意如图 3.3 所示。

架构安全	被动防御	主动防御	威胁情报	进攻反制
√ 安全管理体系 √ 安全域划分 √ 安全加固 √ 云平台内生安全 √ 大数据平台 √ 内生安全 √ 资产探测	√ 传统安全防护 • FW/WAF/EPP • 纵深防御体系 • 缩小攻击面 • 消耗攻击资源 • 迟滞攻击	√ 持续检测与响应 • 安全分析 • 追踪溯源 • 响应处置 • 人员参与 • "安全狩猎"	√ 信息收集 √ 情报生产 √ 分析验证	√ 法律手段 √ 反制措施 √ 网络空间对抗

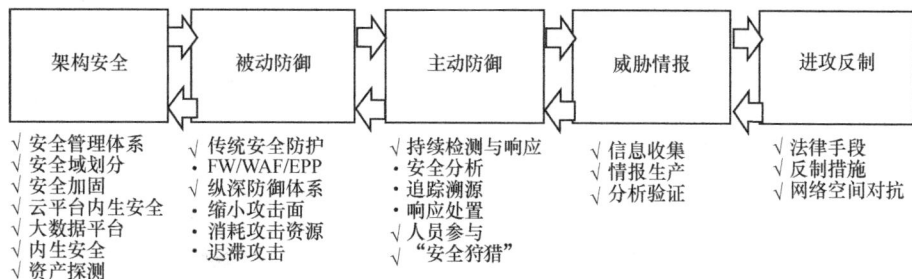

图 3.3　信息安全防护阶段示意

如今，传统的网络概念开始由计算机、通信网络等向更广泛的云、边缘、智能终端等全新概念衍伸，传统的网络安全也由密码、计算机等产品形态演变为与陆、海、空、天等国家安全概念相提并论的网络空间安全，网络安全机制、管理等与产业基础设施建设和产业创新发展生态紧密结合，网络安全已成为新发展时期数字化产业生态的重要基础，其技术发展空间巨大，服务形式多样，应用领域广泛。同时，各种网络安全风险挑战也随之而来，网络安全工作面临一系列新命题、新任务和新目标。

新型移动通信网根据不同业务，通过自身的通信协议自组网络，入网设备彼此之间缺乏联系、组织松散，网络安全能力分散。在面临安全威胁时，往往各自为战，不能相互预警，对全网安全态势、终端行为考虑较少，缺乏全网监测的"超脑"能力。随着云计算、虚拟化技术的发展，绝大多数应用软件和数据信息都集中于云数据中心。云计算中海量数据资源共享，使网络边界模糊化，移动通信网络架构更加开放，新基建带动各垂直行业向数字化转型，不同行业对网络安全提出了差异化需求，而传统的封闭式、垂直化安全管理策略形式固化、缺乏灵活性，已无法满足域间迁移、协同管理的安全需求。

在新基建推动下，企业数字化转型步伐加快，社会信息化程度不断提高，网络安全产业与基础设施建设逐渐同步，网络安全产业的内涵和外延都发生了新的变化。网络安全产业作为新兴数字产业，是维护国家安全和发展利益的重要领域，是建设制造强国和网络强国的基础保障。具体来说，网络安全产业是在数字化、网络化、智能化趋势下，基于或面向网络空间全域采取法律、管理、技术等手段保障信息系统、信息基础设施不因无意的、偶然的或恶意的攻击而遭受到破坏，以确保其保密性、完整性、可用性。以防护为主的传统网络安全技术在数字化快速发展的新时代已无法适应产业的安全需求，网络安全建设必须从被动向主动转变，产业发展必须由传统向高质量迈进，必须满足并服务于数字社会发展新需要。

3.3.1.2 网络空间安全全局性统筹的需求

当前我国面临的网络安全形势依旧严峻，新型基础设施承载着大量核心关键数据和信息，一旦被攻击，将会给国家、社会和企业带来不堪设想的后果。而随着5G、大数据中心、工业互联网等新基建的开展，由其衍生的网络安全问题也成倍增长。

近年来，大国围绕网络空间的国际话语权展开空前博弈。网络空间安全面临的形势越来越复杂多变。美国作为网络空间领域的领先国家，持续通过掌握核心技术资源、制定推出国际标准规则、加强网络设置建设等手段把持并强化其网络领先地位，掌控着网络空间的话语权。其他国家应当坚持网络空间国际规则的制定要在联合国框架下进行，主张各国在网络空间应遵守以《联合国宪章》为基础的国际法和公认的国际关系基本准则，推动建立网络空间新秩序。要加强网络安全产业统筹规划和整体布局，完善支持网络安全企业发展的政策措施，减轻企业负担，激发创新活力，培育扶持一批具有国际竞争力的网络安全企业。要主动应变、化危为机，以科技创新和数字化变革催生新的发展动能。

传统的信息化基础设施主要以实现功能为目标，对安全的投入和技术保障措施比较欠缺。随着信息化、数字化进程的不断推进，这些系统的安全短板逐渐显露。新基建背景下网络安全的边界更加模糊、网络结构更加复杂、网络应用场景更加多样，传统和新型的网络安全风险交织，数字化转型使得业务处理越来越倚重网络，物联网、大数据、云计算、移动计算、边缘计算、工业互联网等逐步普及，新的安全风险不断增加，网络安全的风险暴露面越来越多，网络攻击从过去的"技术炫耀"到"趋利攻击"，从局部攻击到"网络战"、从产业化到有组织的攻击呈现常态化趋势。这就需要我们加快网络安全产业发展步伐，加强顶层设计，针对新基建过程中出现的新的网络安全风险，在重点领域加强统筹规划，在政策、法律、规划、技术路线等方面优先布局，系统考虑安全的发展问题。

维护网络安全是复杂的系统工程，涉及技术、管理、法律、人才、意识、资本等方面，需要各方共同努力。在做好国家网络安全产业发展顶层规划的同时，要对网络安全领域进行全面部署，从技术创新、产业壮大、资本赋能、人才培育等方面进行全方位布局，推动网络安全产业各项举措扎实落地，产业生态良性建设和发展。要发挥各类市场主体作用，鼓励差异化发展和竞争。更好发挥政府规划引导、政策支持、标准制定、市场监管等作用，督促企业落实网络安全和数据安全主体责任，优化资本市场在网络安全产业领域的布局，鼓励社会资本积极投资有发展前景和战略价值的中小企业。鼓励企业强化安全能力，提高中小企业网络安全意识。稳步推进网络安全保险产业发展，在安全保单设计、企业安全风险评估、安全风险监管、安全定损理赔等各个环节创新保险模式，构建覆盖事前、事中、事后全周期的网络安全保险服务解决方案，重点在车联网、工业互联网等进行先行先试。完善数据分级分类管理制度，提升数据安全防控能力，建立数据安全责任保险制度，加快推进跨境数据流动的安全管理制度和技术标准建设，这些都是需要进行全局统筹的工作重点。

3.3.1.3　网络法治安全的快速完善

随着网络在社会生产、生活各方面的全面渗透，网络空间日益成为现实社会的映射，并与现实社会形成广泛的互动，给现实社会带来了深刻的影响，网络空间安全治理成为国家治理的重要内容。近年来，利用 App 进行诈骗已成为电信网络诈骗案件的主要犯罪手段之一，约占整体案发量的六成。其中，网络兼职刷单、快速贷款等诈骗 App 较多，特别是有一些仿冒各大银行和金融平台的 App 具有较大迷惑性和欺骗性。为贯彻落实习近平总书记关于打击治理电信网络诈骗犯罪工作的重要指示精神，切实保障人民群众财产安全，国家互联网信息办公室会同公安部等有关部门，深入整治电信网络新型违法犯罪，建设国家涉诈黑样本库，建立互联网预警劝阻平台，精准提示潜在受害人，维护人民群众切身利益。截至 2022 年 4 月，国家涉诈黑样本库已涵盖并处置涉诈网址 318.7 万个、App 46.9 万个、跨境电话 39.7 万个，互联网预警劝阻平台预警超 6 亿人次。党中央、国务院坚守人民立场，响应群众关切，高度重视打击治理电信网络诈骗违法犯罪工作，公安部、工业和信息化部等多部门联动，持续开展治理专项行动，治理工作取得阶段性明显成效，具体体现在以下方面。

（1）法律体系逐步完善。2015 年，《刑法修正案（9）》规定明晰"帮信罪"的处罚准则；此后，最高人民法院、最高人民检察院等部门先后发布了系列解释和案件处理意见，逐渐完善电信网络诈骗治理法律规范体系，进一步加强了惩治电信网络诈骗犯罪的力度，对其上下游关联犯罪实行了全链条、全方位的打击。

（2）精准治理能力不断提升。从工业和信息化部组织建立全国诈骗电话防范系统，到信息通信行业反诈大平台的建立，再到 12381 涉诈预警劝阻短信系统的启动，目前已基本实现对涉案号码、域名、互联网账号及涉诈电话、短信等"一键下发，全网生效"的快速处置能力，实现了对潜在受害用户的主动监测与精准预警。

（3）协同联动机制不断健全。工业和信息化部与公安部建立"总对总"工作机制，在手段建设、信息查询、线索研判、联合执法等方面完善工作流程，加强工作协同。各单位各部门主动作为、综合施策，组织建设了企业信息联网核查系统，建立涉诈线索联合研判、协同处置机制，组织开展系列联合宣导工作，提高全民反诈意识，共筑全民防诈反诈的防护网。

3.3.2　网络安全中的技术支持

3.3.2.1　网络安全态势感知研究

许多计算机网络面临着难以发觉，但又持续发生的高水平网络威胁，这些威胁呈现出规模化、流程化和隐蔽化的趋势，具有针对网络防御体系的适应能力。加之很多网络安全体系依赖数量有限的安全分析员，以及功能较单一、对不断衍生的新威胁无法产生效应的安全工具，往往对于大范围网络安全事件的发生后知后觉，发现攻击背后的全貌时，损失已经非常巨大，就像网络安全阵地的"马其诺防线"处于被动模式。而且现阶段的网络攻击还具有多步跳跃、大范围共同发起的特点，因此，需要改变传统的防御思维方式，"窥斑见豹""一叶知秋"，构建主动性防范决策机制。

综合多个概念模型的划分，可以将"网络安全态势感知"定义为在大规模网络环境下，对影响网络态势的安全要素进行察觉提取、理解评估和预测。有别于仅与硬件系统进行交互的传统防护程序，新型网络安全态势感知技术的应用其实是观察、学习、判断和预测的过程，更加重要的是，网络安全态势感知研究采取多源融合的方法，基于对抗性推理和机器学习等领域的新进展，建立新的网络主动防御模式，从而能够未雨绸缪，防患于未然。

Endsley 首次提出了动态环境中态势感知的通用定义（如图 3.4 所示），其中，核心态势感知最重要的组成包括对环境要素的获取、对当前态势的理解和对未来状态的预测。一般网络安全态势感知技术主要分为网络安全要素提取、网络安全态势理解和网络安全态势预测。

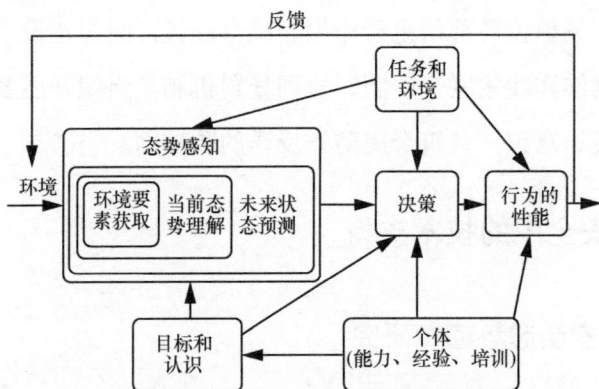

图 3.4 Endsley 态势感知概念模型

1. 网络安全要素提取

网络安全要素提取是指采集网络环境中相关要素的状态、属性和动态等信息，并将信息提取融合，归入各种可理解的表现方式。由于研究目的与研究视角的不同，研究人员主要从两个层面提取数据：单一要素和多源数据。当前主要数据采集来源为网络设备的系统配置信息、网络设备的运行日志信息及防护工具的警报信息与日志信息等，通过将这些信息进行有效整合，为态势感知的高维抽象理解提供了基础。但现阶段仍存在：（1）觉察结果的精度不足的问题，如冗余数据或错误告警信息对攻击活动的重构仍然有很大的影响；（2）觉察的效率不高的问题，如很多采用离线的方式进行关联性分析和攻击过程重构，无法满足快速响应要求。

2. 网络安全态势理解

态势理解建立在要素提取的基础上，系统通过对海量数据的计算处理，绕过复杂难懂的表象，帮助分析者和决策者以更高维的视角理解网络状态，包括重大网络安全事件检测分析、指标体系构建、态势评估和数据可视化。入侵检测系统主要对异常的可能性数据进行检测并对告警提供解决方式，是侧重于风险管理的安全产品。入侵检测和入侵防御系统有其特定功能需求，对提升系统和局部的安全保障有较好的帮助，对于需要从全局视角出发的态势感知而言，这两种系统具有局限性，但从告警信息等数据获取上讲，两系统对态势感知起到了十分重要的辅助作用。

较早期出现的基于数学模型的评估方法是综合考虑各种因素进行态势评估，比较常见的有权重分析法、集对分析法等。权重分析法是较为常用的评估方法，通常用指数表达式作为其评定函数。基于知识推理的方法是凭借专家知识及经验建立评估模型，通过逻辑推理分析整个网络的安全态势，其基本思想是借助概率论、模糊理论、证据理论等来表达和处理安全属性的不确定性，通过推理汇聚多属性信息。知识推理的评估方法不需要精确了解概率分布，在先验概率难获取时该方法较为高效，但当证据出现冲突时，准确性会受到影响，这一问题需要在研究中予以解决。模式识别方法是通过机器学习建立态势模板，经过模式匹配及映射，完成对态势的划分。其目标是不过分依赖专家和经验，自动获取知识，建立科学、客观的评估模板。

3. 网络安全态势预测

态势预测是指在获取、变换及处理历史和当前态势数据序列的基础上，通过建立数学模型，探寻演变规律，对未来发展趋势和状况进行推理。目前有很多预测方法，如神经网络、灰色理论、时间序列分析和支持向量机等。根据态势的时间序列的变化，对未来做出延展预测，称为时间序列预测。另一预测方法是基于因果关系，由若干变量的观测值来确定变量之间的依赖关系。基于时间序列和基于因果关系的预测方法都能够实现对未来态势的预测，但网络攻击的随机性和不确定决定了安全态势的变化呈现出非线性和复杂性，利用简单的统计数据预测非线性过程随时间变化的趋势必然存在较多误差；另外，传统方法对专家先验知识的依赖性，也制约了其对实时变化安全态势的未来趋势需要进行预测。得益于硬件计算速度的提升，基于神经网络、深度学习的机器学习方法在近几年发展迅速。在网络安全态势感知领域，通过建立机器的自动感知和自学习机制，使其拟合专家的思维能力和分析判断能力，可以更加灵活地对复杂网络安全事件进行预测。

3.3.2.2 网络攻击追踪溯源技术

攻击者在实施网络攻击时，常采用各种技术手段隐藏自己以对抗追踪，如采用虚假 IP 地址、网络跳板、僵尸网络、匿名网络等技术，网络攻击追踪溯源技术能够有效应对攻击者的隐藏手段，定位真实的攻击源头，以便及时阻断网络攻击，网络取证是一种对网络攻击的事后追责手段，通过对网络流量等进行取证分析，将生成的电子数据证据用于诉讼活动，从而实现对各类网络违法犯罪活动的事后追责，网络攻击追踪溯源技术与网络取证技术沿着不同路线独立发展，定位网络攻击事件源头并进行有效电子数据证据的收集，是网络取证的任务之一，定位网络攻击事件源头需要使用网络攻击追踪溯源技术，因此，网络攻击追踪溯源技术与网络取证技术有着密切的关联性。

网络攻击追踪溯源技术需要针对攻击者的背景、目的、来源和行为方式进行研究，详细分析网络攻击什么时候发生，为什么发生，攻击将达到什么效果，同时对整个攻击路径进行溯源、对攻击源进行画像等，以威慑潜在的网络攻击者。未来随着政府、企业等主体对于追踪溯源的重视程度提升，结合网络安全数据的积累，将能够通过自动化分析实现更高成熟度的网络攻击溯源。为优化网络环境，应对计算机网络追踪溯源技术进行调整，针对不同的攻击现象，制定相应的防护措施，以保证网络环境安全。

网络攻击追踪溯源技术主要包括以下模块。

1. 主动询问模块

随着计算机网络技术的发展，人们可对数据信息进行高效处理，以满足生活和工作的需求。为保证数据信息传输的安全性，需对其进行安全技术处理。追踪溯源技术可对计算机网络信息传输的途径进行源地址检索，并对威胁信息安全的节点进行精准定位。网络追踪溯源技术的检测范围包括威胁信息安全的主动参与者、被动参与者和间接参与者。它们通过立体化检索，实现信息的危险性辨别。主动询问模块的检索，是指对数据信息的传播流向进行监测，并以传播节点为单位，对其传播路径进行分析。在系统受到攻击时，系统依靠网络攻击追踪溯源技术依据路由器进行反路径查探、逐级审查，保证信息检索的全面性。

2. 数据监测模块

数据监测模块是将系统作为一个整体，进行由面到线、由线到点的逐级监测来提升监测精度。当数据传输时，由数据源、路由器、目的地组成反馈式信号，其可对数据信息进行实时动态监测，监测内容包括数据库信息和反馈信息。一旦系统受到攻击时，可对存在安全隐患的信息进行时效性处理，但此种模块的运行对数据库存储模式较为依赖。

3. 路径重构模块

路径重构模块作为追踪溯源技术的常用方法之一，是对传输数据包进行分析，包括编入路径、单项路径、接受路径等，对输入数据流和输出数据流进行概率检测，并对数据包中的信息进行标记。在对下一个传输节点进行监测时，通过重构算法进行概率分析，对数据包的传输路径进行实时处理，以保证数据传输的精准性。

计算机网络追踪溯源技术的难点在于当前计算机网络一般通过传输控制协议（TCP）将数据信息以字节流的方式进行传输，并以数据层、传输层和接受层为主进行数据信息分类传输，但 TCP 对源地址进行向量空间维度的传输，增加计算机网络追踪溯源技术的搜索程序，需对跳板和发射器进行多种类别的查询，以保证源地址查询的精准性。部分网络攻击一般都伪造 IP 地址，利用 TCP/IP 等没有针对传输信息进行加密的漏洞，用信息传输的数据包攻击方法，使源地址失效。同时由于互联网的多元化发展，其资源共享性和结构复杂性也为攻击者提供了藏匿空间，部分攻击者通过对主机进行操控，对数据包发起间接攻击来逃避追踪。当前依托于网络资源发展而来的各项技术，也成为计算机网络追踪溯源技术的应用盲点，如 VPN 技术的发展，其作为隧道技术的衍生产品，使追踪溯源技术无法捕捉到实体节点，进而缩小了技术查询范围。

计算机网络追踪溯源技术在实际应用过程中，为保证区域性信息搜索结果的精确性，应对数据信息量进行分析，以网络结构和空间距离为基准，减少数据包检索的数量，以提升运行效率。在对网络攻击者进行追踪时，应保证算法的简洁性，减小负载端数量，以提升重构算法对数据包的概率检测性，进而提升目标的追踪精度。在对攻击者进行目标检索时，由于信息间的关联性较大，误报率和重复率增加，为保证系统的高效处理，需对检测节点进行逐级研究，确保节点指标的正确性。当前网络信息攻击一般以分布式拒绝服务为主，此种攻击方式以服务器填充为主，对有效资源占用，在计算机网络追踪溯源技术的应用下，其应对攻击者进行反击，以逆向反馈信息传输的方式对攻击源进行定位，以保证系统检索模式的高效运行。计算机网络追踪溯源技术相对于攻击者来说，其属于透明化操作，但其对信息的查处方式属于正规化，且可对数据包信息进行节点认证，应加强数据传输层和应用层之间的检测精度，以保证数据信息传输的可查性，进而缩小攻击者的界定范围。此外，追踪溯源技术的隐私问题缺少相关法律规定，导致追踪溯源技术的发展受到了一定限制。

3.3.2.3　大数据威胁情报分析技术

随着信息与通信技术的发展，网络环境日趋复杂，云计算和虚拟化等技术的应用，使得主机边界、网络边界也变得动态和模糊。同时，网络攻击频繁，隐蔽性、持续性、趋利性等高级网络威胁增多。而传统网络安全与情报分析技术受数据来源单一、处理能力有限、部署依赖于物理环境等因素的限制，对威胁情报的获取、分析、利用能力不足，且对网络安全态势的感知与预测能力有限，不能有效解决当前和未来所面临的网络安全挑战。

大数据安全分析技术可以帮助安全分析者及决策者获得全面掌握信息与通信技术活动的新视角和基于数据驱动的决策支持。基于大数据的网络安全与情报分析是紧扣安全分析数据自身的特点和安全分析的目标，应用大数据分析方法和技术，解决实际网络安全问题的技术。思科公司提出的 OpenSOC 将大数据安全分析技术应用到安全管理平台（Security Operations Center，SOC）中，构建针对网络包和流的大数据安全分析框架，实现网络异常的实时检测。云安全联盟（CSA）在《安全智能中的大数据分析》中以案例的方式阐述了大数据安全分析技术对网络安全分析的改变：Zions Ban 公司在 Hadoop 系统上使用 Hive 工具查询，大幅缩短传统 SIEM 工具海量数据检索时间（从原来的 80 min 缩短到 1 min）；HP 实验室应用大规模图推理方法，基于从大型企业收集的 20 亿 HTTP 请求数据集、从网络业务提供商（Internet Service Provider，ISP）收集的 10 亿域名系统（Domain Name System，DNS）请求数据集和从世界范围超过 900 家企业收集的 350 亿网络入侵检测系统告警数据集等，识别企业网络中被恶意软件感染的主机、访问的恶意域名，对在 ISP 收集的数十亿的 DNS 请求和响应数据构成的 TB 级 DNS 事件进行分析，识别僵尸网络及网络中的恶意活动；J·François 开展的 BotCloud 研究项目利用 MapReduce 分析 1600 万主机的 7.2 亿 Netflow 数据，建立主机关联关系，跟踪僵尸网络中的命令——控制（C&C）通道，识别僵尸网络中的感染主机；美国 RSA 实验室应用大数据分析技术，基于对攻击者行为模式的分析，实现高级持续性威胁攻击检测。

随着网络规模的日益扩大，网络安全事件呈指数级增长，安全事件相互之间存在错综复杂的关系。例如，有些安全事件由同一个攻击行为产生，有些存在因果关系，还有的安全事件是由一系列的攻击行为组成的复杂攻击引发的。网络安全事件关联分析技术的应用过程中，系统需要将各种复杂的网络安全事件进行充分关联，找出它们之间的关系，去掉冗余信息后给出完整的事件描述，及时发现网络攻击者的入侵行为。大数据分析技术在海量数据关联分析上具有明显优势，被广泛应用于海量网络安全数据的深度关联分析与基于历史数据的宽时间周期内多类型安全事件智能关联分析和复杂事件处理（Complex Event Processing，CEP）。

按照关联对象的不同，可将基于大数据的安全事件关联分析方法分为以下 4 类。

（1）安全设备报警关联分析。该类方法针对海量且不断产生的主机日志、防火墙日志、入侵告警等安全告警数据，应用大数据处理技术，过滤与系统无关的虚假安全事件和冗余安全事件，通过事件之间存在的相似关系、因果关系等对事件进行聚合处理，获得更精简准确的安全报警。例如，通过报警记录之间的属性（源 IP、目的 IP、源端口、目的端口、协议类型、时间等）相似性度量，对安全事件进行分类合并，实现报警信息的精简。

（2）网络和主机关联分析。该类方法提取表征网络流量和主机异常的特征，通过共同属性特征的综合关联，实现对网络安全的监测。

（3）不同领域安全事件关联分析。该类方法综合利用来自不同领域的各类安全事件间的内在联系，对安全事件进行关联分析，实现网络攻击检测。例如，利用网络拓扑结构与不同设备报文生存时间值（Time To Live，TTL）之间的关联过滤未达到攻击目标的虚假告警；利用主动扫描工具获得的主机脆弱信息、主机配置信息与安全告警之间漏洞相关性关系以过滤与目标主机系统无关的告警；利用外部威胁情报、网络主机 IP 信息、告警信息之间 IP 相关性关系识别超级告警事件。

（4）攻击步骤关联分析。该类方法根据多步攻击等先验知识，使用攻击图、攻击树或攻击序列的方式描述已知攻击事件的因果关系、时序关系等，将事件的关联分析转化为图模式匹配、子树匹配或字符串序列匹配等，实现网络攻击检测、网络态势评估与预测。例如，根据先验知识构建包含攻击事件、攻击事件发生的前提条件、攻击事件造成的影响的三元组，通过匹配攻击事件的前因和后果，分析两个攻击事件之间是否存在因果关系，并实现关联操作；利用描述网络主机的连接关系、脆弱信息，以及攻击规则库、攻击者属性等之间的关联关系，生成以主机为节点的攻击图，用于网络安全分析。

网络行为是用户行为在网络流量上的体现。网络行为分析（Network Behavior Analysis，NBA）是一种通过监测网络流量异常现象和偏离正常操作的行为，增强网络安全性的方法。NBA 是未知网络攻击检测的一把"利剑"，通常基于 Net 数据流/IP 数据流信息输出（NetFlow/IP Flow Information Export，NetFlow/IPFIX）中的源 IP 地址、目的 IP 地址、源端口、目的端口、包数量、流字节数等属性构成的特征向量刻画网络用户行为，实现对网络的分析和持续自动评估，检测网络攻击、网络异常、高级威胁和不良行为。

从整体流程上来看，用户行为分析包括确定需求、数据采集、数据预处理（集成、清洗、转换），应用相关方法进行模式挖掘、挖掘结果评估、挖掘结果分析与应用等步骤，用户行为分析过程中通常使用统计分析、聚类分析、关联规则分析、时序数据挖掘分析等大数据分析技术。

信息网络具有威胁复杂多样、安全需求不断演进、网络环境多域异构的特点，需要在不同的网络场景下将各种网络安全技术协同联动，如图 3.5 所示。除以上论述的技术外，还有大量的网络安全技术需要进一步的研究和探讨。

（1）网络安全主动防御技术。网络安全主动防御是解决网络系统中未知威胁与入侵攻击的新途径，在动态的网络安全技术体系架构中，可根据全局网络安全状态、实战化安全运营要求等，构建主动防御模式，应对已知攻击、未知风险。数据挖掘分析中，溯源定位、策略动态下发、事件自动化响应处置显得尤为重要，主动防御技术以高效率、弹性资源利用等优势，成为网络安全防御技术研究领域的重点方向。

（2）网络虚拟身份管理技术。网络虚拟身份管理是使网络空间中的个人、组织、服务和设备等对象由权威源建立和认证对应的数字身份，使各方可以相互信赖，其中需要综合使用身份验证、数据保护等技术。未来网络虚拟身份高效管理技术有望突破十亿级用户规模，并在全国全面推广，实现与各类网络应用的高度集成。网络虚拟身份管理技术在电子商务、公共服务、社交网络等领域的应用能够避免用户在网络应用时的行为数据被追踪和汇聚，为保护公民个人身份信息提供有力保障。

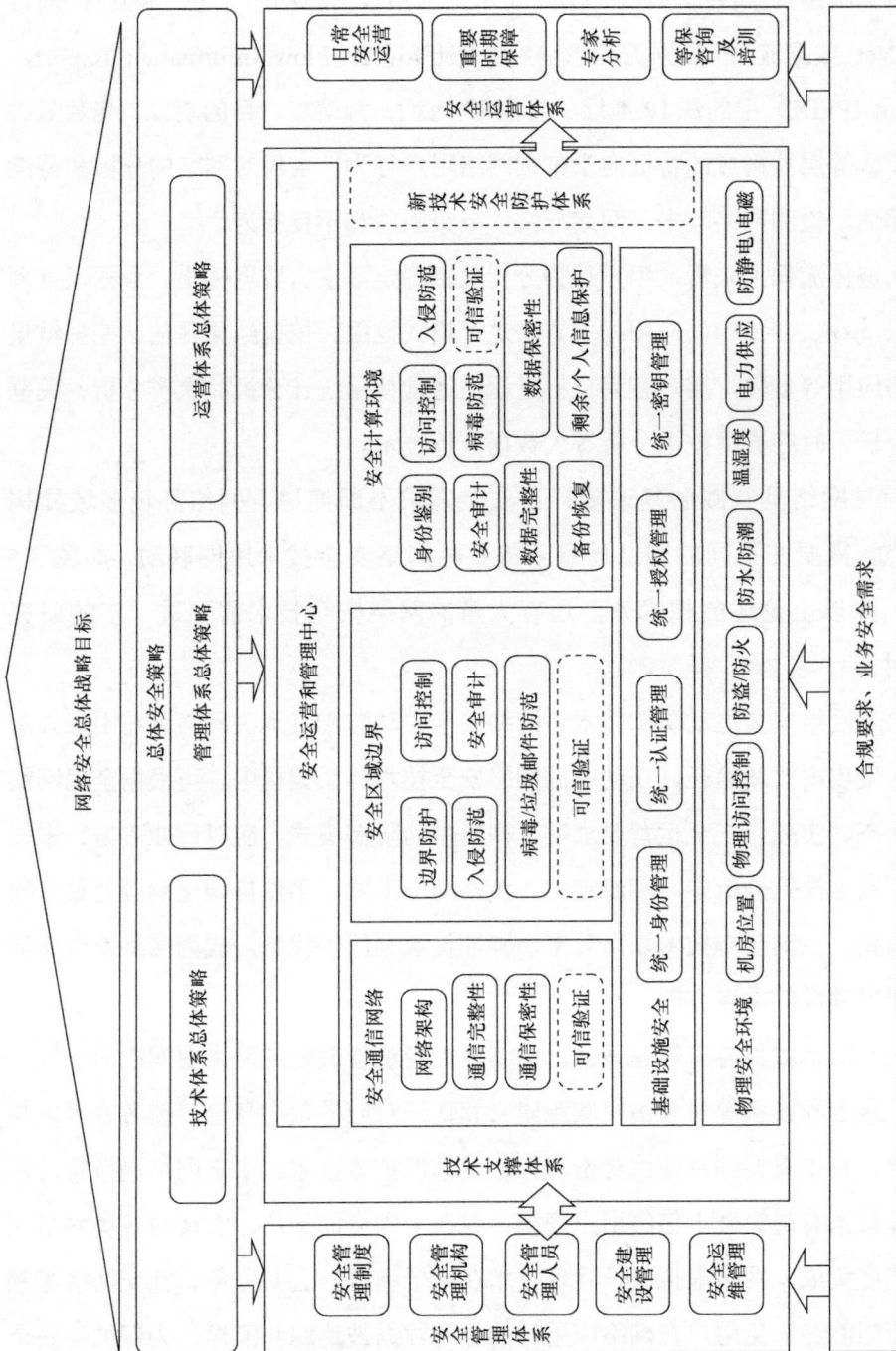

图 3.5 网络信息安全的规划全景示意

（3）车联网安全防护技术。车联网已经成为未来智慧交通的重要应用场景，其带来的网络安全问题引起广泛关注，自动驾驶性能提升带来软件代码的激增，其中软件中存在可被利用的漏洞，这些程序漏洞可能导致软件系统的完整性受损。车联网安全防护需要结合车联网业务场景，采用多种防护技术协同联动，未来面向车联网具体应用场景的网络安全技术将通过实时感知、及时反馈的安全防护方案，为自动驾驶落地提供安全保障。

（4）可信计算技术。可信计算基于芯片的硬件安全机制，主动检测和抵御可能的攻击。相对于传统的杀毒软件、防火墙等被动防御方式，可信计算不仅可以在攻击发生后进行报警和查杀，还可以在攻击发生之前就进行主动防御，能够更系统、全面地抵御恶意攻击。未来可信计算将完善可信计算产品体系，从技术、标准、产业链等方面全力推动，建立网络空间免疫生态体系。

（5）工业控制系统的安全防护技术。工业控制系统的网络安全防护与互联网有很大区别，很多联网工业设备设计之初未考虑网络安全设计，工业生产的可靠性、连续性要求较高，导致针对特定工业控制设备的定期更新升级通常很困难。随着工业互联网加快应用，未来主要的技术发展方向有：威胁情报通过构建攻击知识库，使得针对网络威胁的响应更快；态势感知技术面向运营技术，帮助系统对各种工控数据进行全面深入的安全智能分析；纵深防御技术可以设置多层重叠的安全防护系统，加强系统整体安全能力。

（6）面向人工智能应用的网络安全技术。人工智能在网络防护、信息审查、智能安防和舆情监测等方面拥有广阔的应用前景。人工智能算法可以发现超出正常模式的不正常网络行为，并以此识别可疑用户，这将为广大企业赋能，为远程办公、协同办公等应用提供有效防护。在此过程中，人工智能技术必须能够适应和负责更加困难的网络安全防护场景，进一步提升技术应用的可行性和可操作性。

（7）信息内容的理解和研判技术。传统的文本过滤技术已经不能适应新安全要求，大数据技术辅助网络快速挖掘舆情信息，通过采集、过滤、记录网络上所有的网络数据报文，实时监测网络上的流量信息，发现可疑的内容和目标，并对可疑内容和目标进行报警和阻断。信息内容理解和研判技术将为识别网络虚假新闻、维护数字知识产权、打击网络犯罪行为提供重要的技术手段，促进更多高质量的网络内容传播和推广，营造清朗网络空间。

新基建丰富了网络安全体系的内涵，也为网络安全体系建设提出了更高的要求。要以推动新基建安全、有序发展为目标，进一步完善监管保障、技术产业、安全研究等体系，加速推动数字经济发展。一是建立新基建下的网络安全监管保障体系，统筹协调新基建网络安全管理，完善监管与保障机制，为新基建保驾护航；二是打造新基建网络安全技术产业体系，进一步优化产业结构，完善第三方评测认证，以适应新基建发展需求，促进产业集聚化、规模化发展；三是构筑面向新基建的网络安全研究体系，推动网络安全技术行业应用研究机构形成应用牵引、交叉融合集成创新的应用研究态势。

3.4 互联网平台安全

3.4.1 互联网平台特征与治理现状

随着数字经济的发展，互联网平台日益成为重要的市场主体。一方面，这些平台是用户个人数据的持有者、管理者、处理者，需要对其行为进行有效规制，确保用户数据信息受到应有的保护；另一方面，互联网公司之间也存在同业竞争问题，维护市场秩序、遏制垄断等不正当行为，也是数字市场治理的重要内容。《数据安全法》和《关于加强互联网信息服务算法综合治理的指导意见》等相继出台，相关政府部门逐渐加大对支付宝网络技术有限公司、美团、滴滴出行科技有限公司等超大型互联网公司的监管，这一系列举措凸显了互联网平台治理的重要性和紧迫性。

3.4.1.1　互联网平台的定义与特征

互联网平台是运用互联网技术连接买卖双方（多方）的中介，即以平台模式为运行机制，连接两个（或更多）群体并满足双边（或多边）群体的需求。根据平台的功能或属性，互联网平台可以分为信息内容类平台、交易类平台和其他类平台，如表 3.5 所示。

表 3.5　互联网平台分类

互联网平台分类	包含的主要类型	代表企业
信息内容类平台	社交平台、搜索引擎平台、网络视频平台、直播平台、游戏平台等	百度、搜狗、抖音、快手等
交易类平台	电子商务平台、生活服务平台、出行平台等	淘宝、京东、美团、滴滴出行等
其他类平台	工业互联网平台等	——

互联网平台具有以下几个典型特征。

1．巨大的网络拓扑结构

互联网本质上是一种网状拓扑结构，随着计算机网络的发展，人们发现计算机网络拓扑结构存在着节点度的幂律分布特点，即 20%左右的网络节点掌握着 80%以上的其他节点。节点度的幂律分布特点推动了网络拓扑模型的巨大转变。互联网平台基于这种优先连接和优先生长的规律不断地扩张发展，进而形成巨型的互联网平台企业，这就是拓扑结构的溢出效应。虽然互联网最早的设计理念是促进节点的信息共享和互通，但却造成了新的信息垄断节点和平台的出现。

与传统企业不同，平台企业的核心资产大部分是技术平台等无形资产，企业的资产更多是以无形资产而非实物资产的形态存在。所以，在发展前期，平台企业运营成本巨大，随着平台用户的不断增加，单位成本不断下降。

2．巨大的用户数量

交叉网络外部性指的是平台一方用户数量的增加会带动另一方加入该平台，反之亦然。随着平台企业的不断发展，平台用户数量会越来越多。互联网用户需求的满意度与网络用户规模密切相关，只有用户数量不断增加，所有用户才可能从网络用户规模的扩大中获得更大的价值，即某种产品对一位用户的价值取决于使用该产品的其他用户的数量，在经济学中这被称为网络外部性（Network Externality）。最为典型的例子是电话，使用电话的用户数量越多，电话网络越具有价值。

同样地，互联网平台也必须有大量的用户才能形成规模效应，互联网平台就是依赖网络效应控制足够多的用户，用户规模越大，平台就对用户越重要，也就越能渗透进用户的日常生活。另外，平台还被设计成一个完美地提取和使用用户数据的"社会装置"——通过向不同社会群体提供平台和中介，平台将自己置于社会监视和提取这些群体之间的所有交互活动的中心。平台控制者拥有对信息交换双方的排他控制。

3. 跨行业竞争

为了吸引用户，获得利润，平台企业向买方客户收取的费用较低，甚至低于其成本，但是向卖方用户收取的费用却较高，这就是很多企业采取的不对称价格结构。即企业的威胁可能来自提供本企业替代品或互补品、与企业处于水平关系的企业，也可能来自与企业处于不同维度的企业。

在平台企业的竞争中，先进入该行业的先锋者具有极大的优势，它能吸引更多用户加入，根据交叉网络外部性的特征，随着不断积累，平台用户的数量会不断增加。平台企业初期搭建基础设施的成本非常高，而进入市场后，随着用户数量的增加，成本不断减少甚至近乎于零。先进入的企业依赖用户数量获得巨大的收益分摊前期投入成本，巩固市场地位，产生规模效应，甚至走向垄断。

随着科学技术的不断发展，基于互联网的平台型企业得到快速发展。然而，这些平台在盘活社会资源、创造显著经济效益的同时，也带来了新型的企业社会责任问题。一般认为，企业社会责任指企业不仅要为股东负责，追求利润最大化。同时，企业还应该考虑其他利益相关者，即要承担对员工、顾客、社区和环境等的责任。该理论超越了企业以实现利润最大化为目标的传统观点，强调对消费者、环境和社会的贡献。企业社会责任管理作为一种新的管理模式，以实现企业的社会功能，从而最大限度地实现企业经济、社会和环境的综合价值。因此，互联网平台企业除了承担经济、法律责任，还应该承担更多的社会责任。

3.4.1.2　互联网平台的治理现状

美国在近几十年的互联网发展过程中，出台了一系列法律法规以规范互联网内容。美国在平台治理方面关注的问题主要包括网络内容、版权保护、个人数据等。在网络内容上，美国一方面宣称重视保护公民的言论自由，另一方面又对网络内容进行严格管控，如明令禁止涉及儿童的内容中含有色情淫秽的内容。在版权保护方面，美国不断平衡互联网发展过程中平台、用户、权利人之间的利益关系。1998 年美国《数字千年版权法案》（DMCA）确立了以"通知-删除"规则为核心的"避风港原则"。在随后《数字千年版权法案》的国会报告中，又很快确立了"红旗原则"，旨在对"避风港原则"进行补充与纠正。在个人数据保护方面，2018 年 4 月，扎克伯格因用户隐私数据泄露以及 Facebook 上的虚假信息等问题受到了美国国会参众两院的质询，参众两院要求 Facebook 必须进行调整。近两年，美国开始重视对平台垄断问题的治理。2021 年 6 月 23 日，美国众议院表决通过了《终止平台垄断法案》等五项互联网平台反垄断相关法案，旨在促进互联网行业有序竞争，并推动美国成为全球数字经济领域规则制定的领导者。

欧盟早在 2010 年就启动了对谷歌的反垄断调查，已经相继对谷歌、Facebook、亚马逊等平台发起了反垄断调查。除了办理反垄断案件，欧盟还制定平台领域的规制新规。2020 年 12 月，欧盟委员会提出两项新的立法，即《数字市场法》和《数字服务法》，以加强平台领域的竞争保护。现今，欧盟更加重视人工智能领域和算法领域的治理问题，如在 2021 年 4 月 21 日欧盟委员会提出了《人工智能法规》，旨在将欧洲打造成值得信赖的人工智能全球中心。

平台治理问题复杂多样，如在电商领域，主要存在网络售假、虚假宣传、不良信息传播等问题；在社交网络领域，主要存在反欺诈、个人信息保护等问题；在网络游戏领域，主要存在未成年人保护、版权保护等；在音视频领域，主要存在版权保护、消费者权益保护等问题；在信息内容领域，主要存在违法信息、虚假信息、低俗内容、算法推荐等治理问题。目前，我国主要从细化法律规则、引入技术监管手段和加大执法力度等方面加强平台监管。在细化法律规则方面，2021 年 3 月国家市场监督管理总局发布《网络交易监督管理办法》，进一步完善网络交易的监管规则，各个地方也相继出台本地规则，如《浙江省电子商务条例》《网络交易平台经营者落实法定责任行为规范》（重庆市）。2021 年 11 月，《个人信息保护法》的实施为个人数据保护提供了法律依据。在数字技术监管方面，市场监督管理部门设立电子商务 12315 投诉维权中心和网络商品治理监测中心等机构，加强对网络交易的监督。2021 年 2 月26 日，浙江省市场监督管理局发布平台经济数字化监督管理系统"浙江公平在线"，该系统运用大数据、云计算、人工智能等"互联网+"技术，对重点平台、重点行为、重点风险等实施广覆盖、全天候、多方位的监测、感知、分析和预警，加强网络交易平台监测。在执法力度方面，国家市场监督管理总局相继对阿里巴巴和美团等平台涉及"二选一"行为进行反垄断处罚，国家互联网信息办公室等部门对滴滴出行平台启动网络安全审查。2021 年 10 月29 日，国家市场监督管理总局同时发布了《互联网平台分类分级指南（征求意见稿）》和《互联网平台落实主体责任指南（征求意见稿）》两个重要文件，提出了平台分级分类治理的基本原则，并就不同平台主体责任提出明确要求，标志着我国对互联网平台的治理进入了一个新的阶段。

平台治理需要在规范平台发展与提升平台创新能力之间寻求平衡。一是政策制定者应从打造国家竞争新优势的高度出发，在强化监管、规范发展的同时，注重引导平台提升国际竞争力。二是数据治理规则建设的困境。如何平衡用户隐私保护和数据有效利用，如何处理好平台之间数据竞争与数据保护的关系等，不仅是数字经济时代的基础性问题，也是平台治理领域的全球性难题。特别是数据作为生产要素的重要作用日益突显，数据治理直接关系到互联网平台能否健康发展。三是平台企业的主体责任与权力边界问题。互联网平台具备业务模式复杂、产品迭代频繁、用户规模庞大等特点，使得政府在平台监管中显现出人员力量缺乏、技术能力不足的问题。近年来，我国政策法规对平台主体责任的强调，实际是将监管部门的部分职能赋予平台企业。然而，平台企业作为私人部门，与公共部门有着不同的行动逻辑，成本收益衡量往往是其决策的首要原则，过于强调平台责任可能对公共利益构成威胁。

3.4.2　不同互联网平台的安全需求分析

3.4.2.1　互联网平台企业——生态化的治理模式

互联网平台作为信息网络中的热点，实则存在典型的"双刃剑"社会效应。一方面，平台为社会公众和各类组织创造了新社会空间——网络空间，具有较强的包容性，为国家精神文明建设提供了快捷通道并拓展了巨大空间；另一方面，平台的出现也意味着新社会风险源的诞生，它改变了社会风险的生成机制，扩大了社会安全风险的可达范围，是风险社会形成的主要推手之一。平台组织的广泛应用，创造出新的社会消费、生活和沟通交流模式，极大便利了人们的生活。与此同时，平台安全风险成为网络社会安全风险的主要来源之一，恶意盗取公民信息、"人肉"搜索、网络暴力等行为屡见不鲜，媒体虚假信息可通过平台组织高速、广泛传播，个人隐私保护、信息安全，甚至生命和财产安全因平台运行逻辑上的缺陷而受到威胁。

作为数字经济的典型经济形式和组织结构，互联网平台企业牵涉范围已经远远超出传统产业经济理论讨论的范围，其"触角"已经到达政治权利、社会生活、公众心理、文化传播、环境保护等领域的方方面面。互联网平台以网络通信技术和双边算法（或多边算法）等系列技术为基础，附着其上的价值则是利益相关方围绕互联网平台展开的各类交互行为的直接或间接体现。互联网平台由于其开放性和分散性的特征，会冲击既有政治秩序，甚至可能危害国家安全。造成公权力被侵蚀的原因众多，而之所以说信息技术加持下的平台企业最为典型，是因为在全球范围内，平台组织已经渗透到各社会阶层和群体的日常生活中，其"触角"几乎延伸到了人类物质和精神生活的所有领域，深刻地改变了社会生活和政府管理模式。互联网平台的崛起扩大了政府组织对互联网技术的使用范围，扩展了技术深度，改变了政府组织结构和管理能力，也分流了政府组织能力，这一点在应急事件中体现得最为明显，平台组织往往要比政府组织具备更强的响应能力和更快的响应速度。平台组织的数据集中推动了大数据技术、人工智能技术的广泛应用，而互联网协议加持下的信息管理模式天然具有开放性和分散性，这也就决定了政府组织对企业、组织或个人在平台上的行为缺乏及时而全面的控制。

从技术的视角来看。支撑互联网平台的技术实质上是一系列技术集合，包括各种类型的算法、数据采集技术和数据管理技术、算力技术等，而且互联网平台技术集合本身和当前人工智能技术集合存在着诸多交集。互联网平台技术处于持续演变过程中，例如核心算法技术从最初期的信息查询类算法、经历信息共享类算法、信息搜索引擎算法，到现如今的信息匹配算法、信息推送算法等。另外，互联网平台技术集合存在着多种技术逻辑，其核心主要包括三类：其一，数据采集与再交换逻辑；其二，技术分解与聚合带来的技术体系性能综合性提升；其三，互补性技术创新带来的平台技术创新和技术生态的整体跃迁。

互联网平台及其治理的利益相关方即为以上多维理性视角背后存在的多元治理主体。对于互联网平台而言，广义上的治理主体包括每一位被互联网技术覆盖的社会主体，包括社会公众、市场组织、非营利机构、国家政府等。虽然多元治理主体参与治理的合法性地位毋庸置疑，但是每一类治理主体因其概念化、判断、分析、综合、比较、推理、计算等方面的能力存在不同程度的差异，而展现出不同的治理能力。因此，平台治理需要在综合理性思维的基础上，兼顾相关治理主体的治理能力。

3.4.2.2　工业互联网平台——建立体系化的安全保障

随着 5G 技术的深入发展，工业互联网在跨界融合过程中面临的安全性挑战主要表现为 3 个方面：① 基于服务的软件架构（Service Based Architecture，SBA）、网络功能虚拟化（Network Functions Virtualization，NFV）、SDN 等新技术的产生以及与工业互联网技术的融合，导致工业互联网平台引入了新的安全性风险问题；②信息技术/操作技术（Information Technology/ Operation Technology，IT/OT）的跨界融合，造成制造安全管理和网络安全管理界限不清晰，进而导致网络攻击可以从 IT 层面渗透到运营技术层面；③ 目前工业互联网设备种类及数量繁多，且各设备之间的安全能力不尽相同，易因安全操作不当而导致生产控制系统受到干扰或重要数据被泄露等。

工业互联网易成为网络攻击主要目标，因为其涉及大量的企业、个人等重要数据信息及接入设备和业务系统。近年来，工业互联网上安全问题频发，带来严重后果。例如，2020 年 5 月，伊朗霍尔木兹海峡的一个重要港口遭受网络攻击，导致港口内部控制系统全面崩溃，最终造成港口秩序一片混乱；2020 年 6 月，日本本田汽车制造商因遭到 EKANS 勒索软件的攻击，其内部网络崩溃，最终公司遭受重大经济损失，不得不关闭工厂。在工业互联网平台安全体系下，互联网平台是骨干部分，数据是基础部分，而安全则是最基本的保障部分。旦工业互联网受到安全威胁，公司数据和信息就会被暴露在可公开访问的网络环境中，这会严重影响正常业务运营。

工业互联网的安全保障体系主要包括设备、网络、控制、应用和数据安全等内容，在 5G 技术的支持下，设备安全、网络安全、控制安全、应用安全、数据安全 5 个方面均与 5G 网络技术有不可分割的密切关系。

（1）设备安全：工业互联网上的设备主要包括传感器、条码、RFID、机器等装置，终端设备与传统工业领域设备相比更具智能化特点，有些设备甚至具有强大的状态感知和逻辑计算能力。在 5G 技术基础上，工业互联网的设备组网更加便捷、灵活。面对未来智能化、网络化终端的发展趋势，5G 网络要做好设备接入认证管理工作，防止终端设备被入侵。

（2）网络安全：包括厂内有线网络、无线网络安全和厂外连接用户和合作组织的公共网络安全。为了实现更高的生产效率，工业互联网提供从生产订单到产品交付，再到运输与维护的"一站式"服务。工厂网络已经转向扁平化和无线网络，网络方式和网络拓扑更加灵活、多变，大量的通信连接推动了工业互联网的安全边界不断向外扩展。事实上，基于 5G 技术的工业互联网平台，同样也会遇到很多传统网络模式中的安全问题，包括系统黑客、信息泄露、恶意软件攻击、DDoS 攻击等。

（3）控制安全：当前，企业控制安全主要侧重于控制过程中的功能安全，由于企业控制系统对实时性和可靠性的要求很高，因此忽略了认证、授权和加密等需要额外支出的环节。控制软件等在设计之初主要是基于信息技术，与互联网和运营技术是相互融合的。工业控制的种类很多，在 5G 技术基础上，不同类型的管理服务之间通过网络分离实现逻辑隔离，解决了部分管理安全上的问题，如果不同网段实例之间的安全隔离机制因系统故障或人为原因被损坏，那么具有一定访问权限的攻击者可以将该网段作为其他目标网段的主要攻击点，导致被攻击网段的管理服务发生故障而无法正常运行。

（4）应用安全：工业互联网应用安全包括支持业务的应用软件安全和工业互联网平台本身的安全。工业互联网中，工业应用的复杂性往往会导致其安全性需求多种多样。基于 5G 技术，可以试图构建一个统一开放的网络能力平台，再经过相应标准向各个下辖行业的用户提供开放机会。因此，工业互联网平台相关程序和应用的安全性会受到 5G 网络开放性带来的安全问题，即如果能力接口协议设计不当，会导致存在漏洞，进而导致应用程序崩溃或信息泄露。

（5）数据安全：与传统数据相比，工业互联网数据的优势在于将单一小数据转变为二维甚至多维的大数据。在工业领域中，业务应用的复杂性和数据类型及安全需求的多样性往往会导致数据流向和路径复杂，不仅对网络可靠性和时延有更高的要求，而且增加了关键企业数据和用户数据保护的复杂性。基于5G 技术，移动边缘计算（Multi-access Edge Computing，MEC）节点部署在 Fabric 的边缘，可以降低时延并提高数据安全性，但也会增加数据遭受攻击的风险。

针对新基建大环境和创新技术的广泛应用，工业互联网信息安全需要关注以下方面。

（1）新一代身份安全。大数据、物联网、云计算改变了各个业务系统以往身份管理和使用模式，身份管理从面向人员管理演进为对设备、程序等数字身份的管理。新一代身份安全应立足于信息化和网络安全双基础设施的定位，采用基于零信任架构的技术路线，建设新一代身份安全体系。

（2）重构企业级网络纵深防御。混合云、物联网、工业生产网等技术应用产生更多类型的外部网络出口，接入风险日趋严峻，应构建多层级网络，采用集约化模式，设计标准化、模块化灵活部署的网络安全防护组件，在实际业务生产网中适配各层级网络节点，统一策略管理，形成以常规运营数据为防护核心的网络纵深防御体系。

（3）数字化终端环境安全。安全管理的复杂性随着数字化时代的快速发展而急剧上升，终端类别和创新应用快速增加，终端资产安全属性也在发生变化，终端信息化安全的事件处理和防范需求不断扩大。从良好的用户体验视角出发，充分考虑企业内部和外部组织的管理模式，建设涵盖生产网、办公网、远程维护、智慧数据共享平台等多场景数字化终端，全面覆盖统一的安全管理保障体系。

（4）建设云数据中心的安全防护。随着云计算的深入应用，云数据中心将取代传统数据中心，其混合了公有云、专有云及企业自建云等复杂场景。来自内部用户、互联网用户、公有云的资源访问等行为，与云平台管理、云交付管理业务混合在一起，导致了云内网络风险的高发。应立足于混合云模式，适应于 IaaS、PaaS、SaaS 云服务类型，在云数据中心各个业务和网络纵深中部署相应的安全能力。

（5）建设面向大数据应用的安全防护。数据是驱动业务发展的核心动力，数据集中导致风险集中，数据流转产生更多攻击面。应基于数据生命周期及数据应用场景，开展数据安全防护工作，保障大数据采集、存储、传输、处理、使用、共享开放、销毁等的安全，做到大数据场景下的数据不失控，不被盗用、误用、滥用。

（6）建设面向实战化全局态势感知体系。态势感知是网络安全防护体系的"中枢"，全天候全位感知网络安全态势。应构建面向安全实战化的全局态势感知体系，要覆盖企业所有信息资产，包括设备、系统、应用和数据，具备实时采集安全数据和分析监测的能力，能动态识别安全威胁并及时处置相关安全风险，还要具备实现安全态势全面分析、逐级钻取事件调查分析、安全溯源和取证能力。

（7）面向资产/漏洞/配置/补丁的系统安全。大多数工业互联网企业都存在信息化资产不清、漏洞分布不知、系统未按合规要求进行加固、漏洞修复不及时、基础安全运行流程不闭环、缺乏一体化平台工具支撑等问题，无法满足实战化的需求，应将合规要求中系统安全控制的执行落地，从定期检查模式转变为可持续验证模式，提高安全漏洞修复工作的确定性。通过聚合 IT 资产、配置、漏洞、补丁等数据，从依靠自发自觉模式提升到体系化支撑模式，建设数据驱动的系统安全运行体系，达到及时实现、分析准确、响应可持续的业务系统网络信息安全防护。

（8）建设工业控制生产业务网安全防护。由于数字化升级，使工业生产网络从封闭走向开放，工业控制生产网与多个数据源区、控制管理域，甚至与外网互联互通，这将面临很大的潜在信息和数据安全威胁。工业控制生产网在建设网络信息安全防护体系时，须考虑涵盖业务系统中的多个数据使用控制和交换场景，例如面向工业控制生产网络的内部，工控安全管理的有线和无线网络边界，生产数据的采集、通信、远程维护管理，相关企业的数据中心与分支业务部门，以及系统集成商和服务商之间，应构建多层次安全措施，全面有效地掌握工业控制生产网的全局安全态势，确保重要工业控制生产网络和数据的安全。

（9）建设面向内部威胁的综合防控体系。基于新基建的需求，多数业务向云迁移，大数据集中化、数据共享增多，导致内部威胁已成为信息安全事件的重要原因，造成的后果愈发严重。因此，应构建内部威胁安全管控体系，采集相关的业务操作和管理日志、业务子系统中的数据、访问流量、重要及敏感数据，结合各个生产网和安全管理域的管控制度，开展基层员工的综合网络信息安全意识培训，增强主动防范意识和提高防护内部威胁的能力。

（10）密码应用相关的建设任务。密码技术与信息系统、数据和业务应用紧密结合，《中华人民共和国密码法》的实施也为密码技术应用和评估提供了法律依据，相关企业应从密码基础设施、密码应用中间件、密码业务应用、密码应用管理、密码应用测评等方面开展密码体系建设。

3.4.2.3　社会公共服务平台——重视运营安全

城市互联网公共服务平台以新型智慧城市建设为基础，围绕"惠民、便民、利民"的建设目标，整合城市政府相关部门和公共事业单位服务资源及权威信息，实现用户身份的单点登录，为市民用户提供涵盖智慧城市的各项公共服务，包括交通出行、智慧医疗、互联网+教育、智慧民政等。通过持续的优化和迭代升级，整合多个便民服务应用的用户数据，提升政务信息资源共享和开放水平，让市民生活更加便利，城市治理更加精细精准，城市发展更具可持续性。

安全资源建设是智慧城市发展中的重要问题之一。在建设过程中，应梳理国家法律要求和各地方对智慧城市的安全需求、法规文件规范，导出基于技术、管理、组织、运营四大体系的顶层设计方案。基于顶层设计，近距离考察当地智慧城市可用安全资源现状，逐层完善监测手段、响应手段、防范手段、恢复手段的建设。在此基础上，辅助地方主管单位完成当地安全组织结构的规划与建设，并结合建设方案为当地法规制度的完善提供参考意见。同时，还需要考虑运营平台在信息安全服务中的建设。由此，得到一条从智慧城市安全需求分析到控制目标分解，进而根据安全目标完成网络信息安全保障体系的顶层设计实现路径。

城市公共服务平台的业务特征和信息来源决定了系统将会承受各个方面的攻击。一般的市级政务云数据中心已建设有较完备的安全防护体系，然而依然存在伪装、系统入侵、通信监听、数据篡改、否认和拒绝服务等风险。

平台的脆弱性主要体现在以下方面。

（1）物理层和网络层的脆弱性

物理层的安全威胁主要体现在数据传输、重要数据被攻击和破坏、网络边界和网络设备等方面。① 数据传输的窃取和篡改。目前，很多网络协议采用明文传输，客观上被窃听和被篡改的可能性很大，只要对通信进行监测就可以截取通信数据。② 重要数据被恶意攻击和破坏。目前，尚无万无一失的数据库及个人终端安全保护产品及保护措施，同时，如果通信线路存在质量问题或者人为的恶意篡改，都将导致存储数据遗失。③ 网络边界是网络攻击行为的高发地。网络攻击行为既可能来自互联网等外部网络，也可能来自内部网络。④ 网络设备自身安全。网络设备自身安全性同样直接关系到信息系统和各种网络应用的正常运转。

（2）系统层和应用层的脆弱性

任何产品都存在本地溢出、竞争条件、远程溢出等脆弱性问题，因此系统本身的脆弱性是不可能避免的。应用层的脆弱性主要体现在门户网站上。Web服务器被发现的安全漏洞越来越多，网站面临的安全问题不容忽视。

（3）管理层的脆弱性

安全的本质是管理。在管理技术、组织结构、人员管理、制度建设等方面必须全方位加强建设，杜绝信息孤岛、人为破坏。

根据平台建设的顶层设计实现路径理念，实现"安全需求"分析分解"控制目标"。对平台的安全需求分析离不开对风险的分析与评估。除了技术管理措施，安全管理是保障安全技术手段发挥具体作用的最有效手段。在智慧城市平台的设计、开发、发布、运营过程中，完整的安全策略、安全制度、安全操作流程、标准作业程序建议与安全事件的应急预案是不可或缺的。任何一个智慧城市都应该根据自身情况建设智慧城市网络信息安全的技术体系、管理体系、组织体系、运营体系。

技术体系体现了智慧城市"以防为主"的设计理念。围绕"事先防范、事中响应、事后恢复" 3 个方面进行综合设计。面向等级保护物理安全、网络安全、主机安全、数据安全、应用安全的五大安全技术领域分别提供安全保障的解决方案。在考虑智慧城市自身技术特点的同时，还需要在基础安全、应用安全领域提供包括分角色域内权限管控、智慧城市应用上线准入等机制在内的技术安全保障方案。

管理体系是智慧城市"全面保护、可管可控"设计理念的重要体现。需要在组织建设的基础上将安全管理贯穿于"智慧城市"生态系统的全生命周期。完整的管理体系是有战略方向、有法规依据、有流程控制、有作业指导、可落实的体系。

组织体系是各地政府在安全建设中最关心的对象，因为安全责任边界的划分决定着未来运营过程中各参与机构的配合权限与安全责任，尤其是在涉及敏感数据交换的过程中，发生安全事件后的溯源与追责问题。因此，在整个智慧城市安全组织体系设计中要明确决策层、管理层、执行层、监督层各角色的职责与权限分配。

运营体系是智慧城市"依法管理、可管可控、安全高效"设计原则的集中体现。不仅提供日常信息安全技术平台、日常信息安全管理流程和控制指标，还能提高智慧城市安全决策、合规管理和监测响应的能力。

参考文献

[1]　刘廉如, 张尼, 张忠平. 工业互联网安全框架研究[J]. 邮电设计技术, 2019(4): 53-57.

[2] 王国法, 杜毅博. 煤矿智能化标准体系框架与建设思路[J]. 煤炭科学技术, 2020, 48(1): 1-9.

[3] 邰江丽. 关于 App 收集个人信息实务及规范研究[J]. 北京航空航天大学学报(社会科学版), 2019, 32(4): 7-12.

[4] 杜振华. 政府数据开放与创新驱动经济增长的关系[J]. 首都师范大学学报(社会科学版), 2020(2): 63-71.

[5] 张彬, 理查德·泰勒. 美国网络空间治理现状与政策(上篇)[J]. 通信世界, 2018(27): 27-29.

[6] 张尼, 刘廉如, 田志宏, 等. 工业互联网安全进展与趋势[J]. 广州大学学报(自然科学版), 2019, 18(3): 68-76.

[7] 刘学涛, 李月. 大数据时代被遗忘权本土化的考量——兼以与个人信息删除权的比较为视角[J]. 科技与法律, 2020(2): 78-88.

[8] 张建文. 被遗忘权的场域思考及与隐私权、个人信息权的关系[J]. 重庆邮电大学学报(社会科学版), 2017, 29(1): 24-30.

[9] 磨惟伟. 新时期我国大数据安全治理工作的"破"与"立"[J]. 中国信息安全, 2018(6): 88-91.

[10] 赵蕾, 曹建峰. 从"代码即法律"到"法律即代码"——以区块链作为一种互联网监管技术为切入点[J]. 科技与法律, 2018(5): 7-18.

[11] 罗长银, 陈学斌, 刘洋, 等. 基于联邦集成算法对多源数据安全性的研究[J]. 计算机工程与科学, 2021, 43(8): 1387-1397.

[12] 蒋福明, 陈虹冰. 算法技术嵌入社会治理的伦理探析[J]. 山西高等学校社会科学学报, 2021, 33(9): 44-49.

[13] 刘佳, 刘莹, 朱伯玉. AI 算法推荐新闻的法律风险与规制[J]. 青年记者, 2021(10): 117-118.

[14] 栾忠祥. 互联网时代云计算数据的安全研究[J]. 计算机时代, 2021(4): 35-37, 41.

[15] 刘小铭, 许旭江. 物联网环境下网络安全技术的研究与应用[J]. 网络安全技术与应用, 2021(12): 163-164.

[16] 魏冰洁, 李长征. 智能推荐算法真的可行吗[J]. 网络安全技术与应用, 2021(11): 152-154.

[17] 李新社. 新基建下发展网络安全产业的新思考[J]. 新型工业化, 2021, 11(10): 5-7.

[18] 孙倩文, 闫寒, 陈羽凡, 等. 网络安全技术发展方向与趋势研究[J]. 今日科苑, 2020(11): 32-39.

[19] 贾焰, 韩伟红, 杨行. 网络安全态势感知研究现状与发展趋势[J]. 广州大学学报(自然科学版), 2019, 18(3): 1-10.

[20] 韩敏娜, 刘渊, 陈烨. 基于集对分析的网络安全态势评估[J]. 计算机应用研究, 2012(10).

[21] 贾焰, 韩伟红, 王伟. 大规模网络安全态势分析系统 YHSAS 设计与实现[J]. 信息技术与网络安全, 2018(1).

[22] 刘雪花, 丁丽萍, 郑涛, 等. 面向网络取证的网络攻击追踪溯源技术分析[J]. 软件学报, 2021, 32(01): 194-217.

[23] 王江. 试论计算机网络追踪溯源技术[J]. 数字通信世界, 2019(10): 53.

[24] 陈兴蜀, 曾雪梅, 王文贤, 等. 基于大数据的网络安全与情报分析[J]. 工程科学与技术, 2017, 49(3): 1-12.

第4章
新基建融合产业链应用中的信息安全

4.1 智慧城市信息安全综合防护体系

4.1.1 智慧城市发展现状

我国城市建设先后经历了数字城市、无线城市、智慧城市、新型智慧城市的发展道路。从 2010 年 IBM 正式提出了"智慧的城市"愿景开始算起，智慧城市建设在全国各地如火如荼地开展已 10 多年时间。智慧城市是当前现代化城市可持续性发展的重要途径。智慧城市通过高科技的系统性集成，为城市居民提供更加综合的服务，提升居民幸福指数。作为城市建设的新概念，它对促进城市的现代化发展，引领信息技术的开发、应用和推广，提高城市总体发展指数和竞争力具有重要的价值和意义。

随着新型智慧城市建设的纵深发展及不断推进，全国各省市已经开展了大量工作并取得了良好成效，具体体现如下。

（1）信息基础设施建设成效显著。4G 移动通信网络建设完成，5G 网络建设逐步推进，基本实现区域 4G 网络覆盖和 5G 网络部分覆盖；互联网宽带光纤升级改造，多地光纤用户覆盖率达 99%以上，达到了全光网城市标准；免费无线网络建设项目快速推进，基本实现城市重点公共区域免费，公共无线网络建设项目全面建成。

（2）数据资源交换共享体系初显成效。各地已初步建立城市运行中心，涵盖了基于人口、法人、宏观经济库融合业务数据的城市大数据群，实现了市场监管、建设、公安、地税、国税、流管、人社、国土、民政、卫生等部门的数据对接，数据共享程度进一步提升，一定程度上缓解了各部门信息壁垒问题，实现了社会安全、交通安全、生产安全、消防安全及城市生命线为主的城市大安全体系监测，城市安全应急指挥联动，融合政务服务的监察系统和城市各领域基础应用，为城市数据共享提供了基础保障。

（3）城市智慧治理水平有效提升。通过建设平安城市、智慧交通、智慧政务、智慧教育、智慧医疗、智慧城管、智慧环保、智慧水利等一大批行业智慧应用，涵盖城市管理、安全生产、社会事业、社会保障、社会服务、法律司法工作等领域。城市建设数字化程度不断推进，为城市由"数字化"向"智慧化"转型提供了坚实的信息化应用基础。

（4）智慧公共服务体系日臻完善。各地完成网络、资源和服务全覆盖的教育信息化公共服务体系、数字化示范实验室、数字化示范图书馆等数字化基础设施建设，建立各种居民医疗数据库，实现社会医疗保障等城市"一卡通"服务。

4.1.2　智慧城市信息安全体系需求

2019 年，国家市场监督管理总局、中国国家标准化管理委员会发布了《信息安全技术智慧城市安全体系框架》（GB/T37971—2019）国家标准，智慧城市安全体系将智慧城市分为物联感知层、网络通信层、计算存储层、数据融合层、智慧应用层，并提出在智慧城市安全体系的建设中，各层需应对与防范的各类信息安全风险和威胁，要与智慧城市同时设计、同时建设和同时运营。智慧城市安全体系框架如图 4.1 所示。

智慧应用层安全	数据融合层安全	计算存储层安全	网络通信层安全	物联感知层安全
应用防火墙	接口安全	数据加密	防火墙	入侵防护
杀毒软件	越权访问	数据备份	IPS/IDS	越权访问
防暴力破解	数据隔离	数据传输安全	防DDoS	代理
恶意代码防范	安全审计	边界访问控制	集中管控	设备标识
代码审计……	AI能力……	日志审计……	VPN……	终端接入……

智慧城市基础安全支撑底座

用户身份鉴权与访问控制	统一信息安全门户	安全态势感知平台
大数据安全分析平台	密钥管理平台	……(其他安全基础设施)

图 4.1 智慧城市安全体系框架

新型智慧城市信息安全防护存在以下问题。一是城市关键信息基础设施孤立分散，这导致新型智慧城市网络安全保护各管理主体联动能力较弱、安全职责分担不明确，难以快速响应大规模、高强度的突发事件；二是云计算、大数据、物联网、5G、人工智能、区块链等技术的快速发展，在促进智慧城市发展的同时也带来新的安全风险，我国智慧城市关键信息基础设施安全保护尚未完全形成自主可控能力，关键核心技术和芯片仍然受制于西方发达国家，自主创新能力不足，对外依存度高，难以应对智慧城市新型网络攻击；三是智慧城市网络系统复杂、分布式部署，多方参与安全运维，运维过程也存在灾难恢复预案不恰当、系统漏洞修复不及时、运维安全第三方责任划分不明、应急响应不及时、违规操作等协同防护安全风险。

在网络管理方面,智慧城市网络安全涉及电信、金融、交通、能源等重要领域,关键信息基础设施是城市运行的神经中枢,是智慧城市网络安全的重中之重,需要通过加强企业、政府管理部门和行业的协同形成管理合力。新型智慧城市在权责、边界、管理、目标等方面面临网络安全管理挑战。信息权属模糊使得新型智慧城市各管理主体在进行管理时存在权责不清的情况,从而在客观上导致网络安全管理规则的混乱。从管理目标来看,信息权属应从属于信息应用目标,且不同主体之间应协调统一,否则极易成为新型智慧城市的安全威胁。

在信息技术方面,新型智慧城市的发展过程中,新一代信息技术的发展所造成的安全风险已成为不容忽视的问题。在物联感知层,由于感知设备数量巨大、种类众多,且加密运算和存储能力有限,存在信息泄露,数据被窃听、非法劫持和篡改的风险;在网络通信层,由于网络传输协议存在缺陷和漏洞、网络深度融合使病毒容易转移和扩散、关键信息基础设施不完备等,存在被攻击者攻击或拒绝服务的风险;在计算存储层,由于计算资源基础设施缺乏物理防护、云平台界面和应用程序编程接口(Application Programming Interface,API)可能错误等,存在云端数据泄露、业务中断、恶意代码植入等风险;在数据融合层,由于政府部门的数据开放程度不够,数据来源真实性、时效性和准确性缺少安全保证,非结构化数据信息化程度不足等,存在恶意关联、信息泄露、服务瘫痪等风险;在智慧应用层,应用系统面临病毒、后门、木马、漏洞和恶意软件攻击的威胁,有可能导致数据泄露、被篡改和远程控制风险,甚至导致威胁通过网络向系统扩散。目前智慧城市建设的标准还不够完善,需围绕大数据、云计算、区块链、人工智能等新技术继续建立相关安全标准,以进一步完善新型智慧城市安全保障体系。

在数据内容方面,新型智慧城市实物万物互联,智能终端和网络用户数量的增加、数据来源的广泛性以及数据的多样化和数据结构的复杂化，使得各种承载城市运行数据的关键信息基础设施难于维护，进而产生网络安全建设与运营风险。同时，智慧城市网络安全运营平台如果运营效率低、专业性不高，将给智慧城市网络安全运营平台带来安全风险。新型智慧城市的网络数据包括城市基础设施、人口、经济、公共服务数据等，这些数据分布存储在云计算平台、大数据挖掘等业务支撑系统中，其资源的高度共享也加大了信息安全的风险。

4.1.3　智慧城市中的个人信息保护

个人信息安全是数字经济得以发展的重要基础，随着大数据和人工智能技术的逐渐成熟及二者在智慧城市建设中的落地应用，原本隐蔽在各个部门及行业的个人信息，如健康档案、财产信息、身份信息、行程信息等浮现出来，这些信息如被非法获取和使用，城市居民的合法权益将受到极大威胁。智慧城市安全体系建设需充分考虑个人信息安全防护，保障每个公民的隐私权、知情权、选择权、公平交易权、安全保障权等多项权益，保障整个社会利益和公共安全。

智慧城市给城市居民生活带来便利的同时，增加了国家及个人信息泄露的风险。由于智慧城市应用中采集了大量的国家基础设施、政务、行业等数据，如果基础设施数据被其他国家获取并进行分析，将会对国家安全、社会安全和个人信息安全造成巨大危害。

智慧城市中的个人信息数据安全挑战主要来自数据采集、数据传输、数据存储、数据使用等方面。智慧城市的物联感知层像触手一样延伸到城市的每一个角落，如"平安城市""雪亮工程"中的各种摄像头、公路及高速公路的各种卡口、无处不在的运营商无线网络、办理政务时个人证件信息登记系统、酒店住宿的登记信息、各种手机 App 等。移动互联网和物联网技术的发展，使得各种感知设备越来越普及，采集个人信息变得越来越容易，这些感知设备的安全运行和采集行为本身的合法性，迫切需要进一步明确。随着 5G 和物联网的加速推进,更多的智慧应用应运而生,物联感知层所采集的个人信息的传输,也面临前所未有的挑战。除 5G 网络本身的安全之外,在数据的传输上也需基于新的应用场景,在传统的认证、加密等技术手段的基础上,采用更多技术措施,防止数据在传输过程中被泄露、窃取、篡改、伪造等。在各信息系统的"烟囱"形态下,个人信息一直隐藏在各个信息系统中,而智慧城市的大数据中心会将这些信息进行整合,这将使个人信息不再分散,通过关联分析,原来隐藏的个人信息将无所遁形。大数据技术的落地应用,将使个人信息的存储面临更多困难,大数据本身的安全至关重要。智慧城市的智慧应用层将大数据分析获得的信息转换为知识,并将知识与信息技术融合起来,形成各类智慧应用到各行各业,如政务、交通、能源、医疗、金融、环保领域等。在个人信息的使用中,需要防止"大数据杀熟"等过度消费个人信息的行为,同时需要基于不同应用场景进行分级分类,根据需要获取和使用不同程度的个人信息。

在智慧城市运行过程中,城市民生等数据被采集、传输、存储、使用、处理、归档等,其来源众多、量大、增长速度快,需有效管控与防范安全风险。完备的个人信息安全防护手段是智慧城市安全体系建设中非常重要的一环。在物联感知层,需防止一些非法人员在用户不知情情况下,通过感知终端窃取个人隐私信息,并从中获益;在网络通信层,需加强个人信息的完整性、实用性和信息传输过程的保密性,规避网络威胁或黑客威胁;在数据融合层,需防范各种应用及用户的越权行为或隐私泄露等危险,鉴于智慧城市信息高度的集中和关联,个人隐私信息的泄露甚至可能会引发巨大的社会利益损失;在智慧应用层,应遵循高度相关和紧密连接的个人信息和更加智能的数据分析方法,提供更加智能的用户个性化服务,积极防止各种影响个人信息安全的问题。

在智慧城市综合建设中,要定期开展个人信息安全影响评估。《信息安全技术个人信息安全影响评估指南》(GB/T 39335—2020)中指出,个人信息安全影响评估是指针对个人信息处理活动,检验其合法合规程度,判断其对个人信息主体合法权益造成损害的各种风险,以及评估用于保护个人信息主体的各项措施有效性的过程。影响评估旨在发现、处置和持续监控个人信息处理过程中对个人信息主体合法权益造成不利影响的风险，能够加强对个人信息主体权益的保护，有利于组织展示其保护个人信息安全的努力，提升透明度，增进个人信息主体对其的信任。

在智慧城市的安全体系中，包含安全风险评估工作，需增加个人信息安全的评估内容，并在风险评估报告中予以体现。个人信息风险评估工作可融合在现有智慧城市风险评估工作中，主要过程包括：①建立完整的个人信息风险评估流程，与各智慧应用就何时评估、评估什么等问题进行协同，并为各智慧应用提供评估流程的培训；②建立个人信息风险分级评估程序，与各智慧应用共同确定组织相关数据，从成本及效率的角度综合考虑在不同的场景下采取何种评估程序和模型；③明确个人信息风险评估组织，可采用自身组织评估及第三方评估的方式，由安全小组统一管理；④通过积累评估经验，确立符合智慧城市各智慧应用特点的个人信息风险评估指标体系。

4.2 工业互联网与智能制造的智能应用与信息互通

4.2.1 工业互联网发展现状

我国经济社会发展处于新旧动能转换的关键时期，工业互联网作为新一代信息通信技术与工业经济及系统全方位深度融合的全新工业生态、关键基础设施和新型应用模式，改变了企业研发、生产、管理和服务的方式，重新定义和优化了整个价值流程，促进了企业降本、增效、提质、创新，同时赋能我国工业经济实现高质量发展。工业互联网虽处于发展初期，但受益于政策、资本、技术的推动作用，发展前景广阔。

传统自动化与工业软件的 IT 架构方案相比，工业互联网部署于云端+边缘，以大平台+小 App 的架构提供丰富便捷的开发工具及开放 API，充分满足了企业灵活、复杂、经济、创新的数字化应用需求。工业互联网功能体系架构如图 4.2 所示。平台将知识、机理等隐性经验固化成其自身显性核心资源，结合更具广度和深度的数据采集进行数据分析、建模和利用，实现了数据驱动的生产和运营优化闭环。最终形成面向设备与产品管理、业务运营优化、社会资源协作三大工业互联网应用场景，为企业带来"降本、增效、提质、创新"四大成效。工业互联网的出现改过了企业研发、生产、管理和服务的方式，重新定义和优化整个价值流程，同时打破了各行业间的信息孤岛，促进跨领域资源灵活配置与内外部协同能力提升，进而带动产业集群，推动区域经济高质量发展。

新基建技术中的云计算、5G、边缘计算、工业软件、工业大数据等相关领域与工业互联网产业发展相辅相成，是工业互联网应用效率化落地的能力基础。相关新兴技术的出现和演进显著地增强了工业互联网的服务供给能力，为工业互联网快速发展与应用提供了坚实的保障。各类型企业利用自身传统业务优势在工业互联网相应赛道进行重点切入，以点连线带面，以期快速形成各具特色和专长的工业互联网解决方案。以 5G、大数据、人工智能、云计算、数字孪生为代表的新兴技术正处于创新高度活跃和密集的时期，技术成果急需在实际场景中落地，工业互联网领域所具备的广阔场景需求正使得其与新兴技术的融合应用从技术落地走向效率化应用，促使模式业态创新多点迸发，并驱动工业互联网持续变革演进，从而为社会经济发展提供新动能。

工业互联网通过系统构建网络、平台、安全三大功能体系，形成人、机、物的全面互联，实现全要素、全产业链、全价值链的互联互通，形成了新一代信息通信技术与工业经济及系统全方位深度融合的全新工业生态、关键基础设施和新型应用模式，工业互联网的发展将推动形成全新的工业生产制造和服务体系。作为以数字化、网络化、智能化为主要特征的新工业革命下的新型基础设施，工业互联网的本质是数据的流动、分析和再造，是工业智能化发展的核心信息基础设施，也是实现产业数字化转型的关键支撑和重要途径。

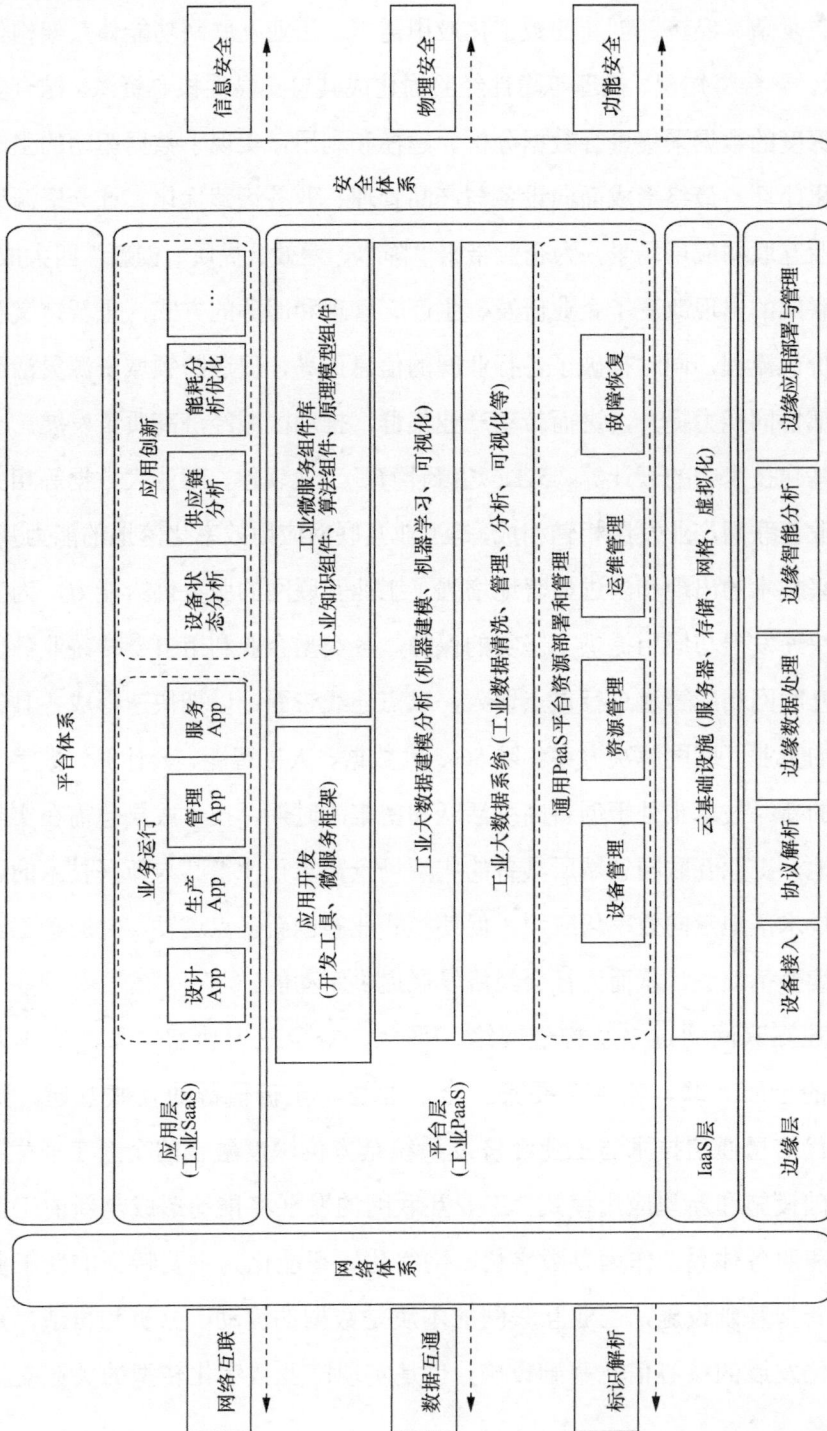

图 4.2 工业互联网功能体系架构

工业领域中不同细分行业都有各自独特的知识领域和机理形成的行业门槛，不同的工业场景在不同的行业、不同企业中需求差异较大，现阶段不存在可以在各行业、企业、场景中通用的工业互联网解决方案。各种类型的工业互联网平台因具体行业和客户需求的不同也会衍生出多种多样的子类型平台，因此锚定工业领域细分行业、理清行业脉络、了解业务需求是划分工业互联网平台应用模式的理论基础，也是工业互联网解决方案提供商开展平台业务和工业企业进行平台选型的关键。重点细分行业工业互联网平台应用概况如图 4.3 所示。

4.2.2　对传统工业自动化和工业软件改进的新要求

基于传统工业 IT 架构解决方案的痛点如图 4.4 所示。传统自动化和信息化的本质是把生产操作和管理流程通过软硬件系统的方式予以固化，从而建立垂直制造体系，这一体系下负责不同业务环节或流程的子系统间彼此孤立，即使不同自动化厂商间的设备在工业现场的部署位置相邻，彼此之间的数据也绝无交集，这就形成了工业环境中大量烟囱式的系统和碎片化的信息。在此传统模式下的数据大多沉淀于自动化设备和软件厂商之手，企业无法有效汇集数据更无法高效利用数据，数据碎片化、信息孤岛化，无法灵活快速响应新需求。同时就自动化设备和软件应用而言，传统使用模式过程更偏重具体执行的高效完成，指令多是单向传递、局部作用，无法满足工业企业实际经营过程中的统筹规划、决策优化、高效管理等诉求。从企业成本负担角度来看，传统工业自动化设备和工业软件高昂的价格给很多企业尤其是中小企业带来不小的成本压力，在这一情况下，企业很难通过加快设备和软件的迭代来及时响应快速变化的市场需求，通常企业会持有这些资产至自然折旧年限，这无疑会削弱自身的市场竞争优势并丧失发展机会。

行业	行业特点	业务痛点	典型应用	主要成效	行业类型共性
电力	技术密集、资产密集	发电有连续生产的需求、设备故障会导致巨大损失；并网调度问题	预测性维护、远程运维管理、协同运营	降低运维成本、提高功率预测准确性	具有连续生产、工业过程复杂的特点、高危险、高能耗、安全环保问题成为制约企业发展的关键
钢铁	工序繁多、工艺复杂、供应链冗长	高能耗、高排放、设备和工序管理难度大、下游行业需求多元化	绿色化生产、设备状态监测、工艺优化、供应链协同	节能减排、降低成本、提升产品质量、缩短供应链周期、降低库存	
工程机械	设备产品多样化、市场规模大、覆盖范围广	设备维护水平低、资源配置效率低、运营管理问题多	生产制造优化、资源调度优化、分享制造、产融合作	降低维修成本、提高设备使用率、优化售后市场服务	具有产品种类多、价值高、批量规模小、研制和生产周期长、生产管理复杂等特点、对协同程度有较高要求
船舶	零件数量级大、生命周期长、资本投入大	制造周期长、融资难、个性化定制需求多、设备物资种类及供应商繁多	生产制造优化、资源调度优化、分享制造、产融合作	缩短核心部件研制周期、提高设备利用率及下游信息共享水平	
电子信息	产品种类多、附加值高、技术含量高、迭代速度快	生产流程长、工序多且衔接响应时间长、管理难度大	生产制造优化、设备健康管理、基于AI的工业视觉检测	减少生产过程人工干预和用工人数、缩短生产环节节约时间、提高质检效率	具有原料及人工成本高、产品批量规模大的特点、对产品生产效率、产品多样性要求向多品种发展
家电	市场竞争激烈、技术迭代快、产品多元化、服务化、智能化需求不断提升	市场需求响应慢、产品研发周期长、库存压力大	规模化按需定制、柔性生产、服务化延伸、供应链协同	缩短产品研发周期、实现产品创新；提高采购效率、降低库存；提高交付速度、提升消费者满意度	
汽车	产品精密复杂、生产工艺复杂、技术门槛高、供应链分散	下游需求碎片化、供应链管理困难、售后服务低效化	研发设计协同、规模化定制生产、产供销协同、服务化延伸	缩短研发周期、实现规模化定制生产、盈利模式由单一销售向全方位服务转变	

图 4.3 重点细分行业工业互联网平台应用概况

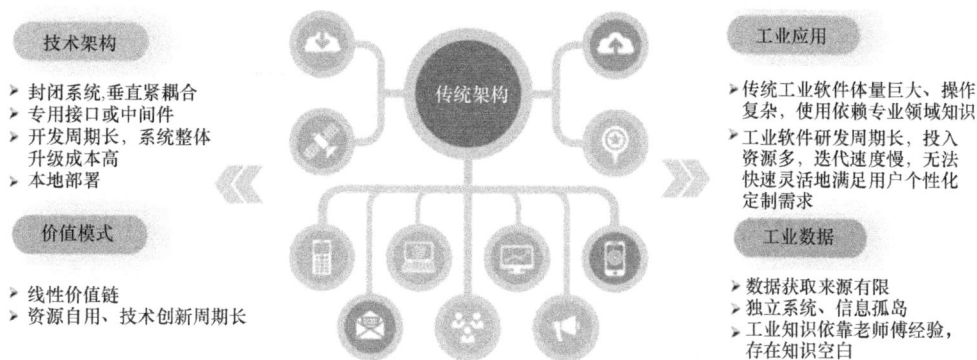

技术架构
- 封闭系统,垂直紧耦合
- 专用接口或中间件
- 开发周期长，系统整体升级成本高
- 本地部署

价值模式
- 线性价值链
- 资源自用、技术创新周期长

工业应用
- 传统工业软件体量巨大、操作复杂，使用依赖专业领域知识
- 工业软件研发周期长，投入资源多，迭代速度慢，无法快速灵活地满足用户个性化定制需求

工业数据
- 数据获取来源有限
- 独立系统、信息孤岛
- 工业知识依靠老师傅经验，存在知识空白

图 4.4 基于传统工业 IT 架构解决方案的痛点

工业互联网由网络、平台、安全三大功能体系构成。工业互联网的网络体系将连接对象延伸到人、机器设备、工业产品和工业服务，是实现全产业链全价值链的资源要素互联互通的基础。网络性能需满足实际使用场景下低时延、高可靠、广覆盖的需求，既要保证高效率的数据传输，也要兼顾工业级的鲁棒性和可靠性。平台下连设备，上接应用，承载海量数据的汇聚，支撑建模分析和应用开发，定义了工业互联网的中枢功能层级，在驱动工业全要素、全产业链、全价值链深度互联，推动资源优化配置，促进生产制造体系和服务体系重塑中发挥着核心作用。安全体系代表着工业互联网的整体防护能力，涉及工业互联网领域各个环节，是涵盖设备安全、控制安全、网络安全、平台安全和数据安全的工业互联网多层次安全保障体系，通过监测预警、应急响应、检测评估、攻防测试等手段为工业互联网健康稳定的发展保驾护航。

4.2.3　工业互联网面临的安全挑战与需求

工业互联网在技术、应用、商业和产业层面上面临着各种各样的挑战，如图 4.5 所示，给工业互联网的场景落地应用带来了一定的难度。

技术层面

连接能力：工业设备种类、通信协议、数据格式烦杂，尚缺乏有效的技术手段低成本、便捷地实现连接
数据能力：数据种类少、标准各异、质量较低、有效性不足。企业对数据共享开放的意愿不强
技术落地：融合新兴技术的应用有效性有待验证、场景挖掘有待强化

应用层面

基础设施：工业企业信息基础设施建设水平参差不齐，多数企业数字化基础薄弱
方案应用模式：标准化、通用解决方案数量有限
人才：缺少既懂信息技术又懂工业知识的复合型专家人才

商业层面

成本效益：部署工业互联网前期投入多，投资回报周期长
商业模式：市场参与者仍处于摸索阶段，现阶段盈利模式相对单一
供需矛盾：碎片化需求与规模化供给的矛盾

产业层面

合作：服务商企业单打独斗较多，协同创新合作不够
生态：开放、创新的生态体系建设尚不成熟
认知：服务商对工业企业痛点理解不足，工业知识、历史数据沉淀不够。工业企业对工业互联网价值链不了解

图 4.5　工业互联网面临的挑战

1. 基于时间敏感的微服务结构——边缘计算安全设计新维度

工业互联网的数据采集结构是为了实现更广连接、更低时延、更大流量和更好控制。在靠近生产设备的数据采集源头会产生大量的数据，数据如果都上传到云端进行处理，会给云端造成巨大的压力。为分担中心云节点的压力，在数据采集层需要部署边缘计算节点，节点可以负责一定范围内的数据计算和存储工作。大多数的数据并不是一次性数据，那些经过处理的数据仍需要从边缘节点汇聚集中到云平台，云计算做大数据分析、挖掘和共享，同时进行算法模

型的训练和升级，升级后的算法被推送到前端，使前端设备更新和升级，完成自主学习闭环。这些数据同时须备份，当边缘计算过程中出现意外情况，存储在云端的数据不会丢失。系统开发的初始阶段，为了验证效果，容易把精力放在应用操作的实现上，而忽视安全性问题。后来再想要实施安全措施的时候，就会发生成本方面的问题所导致的措施做得不到位的情况。边缘计算节点和生产单元的数据采集设备一般在不易变动的车间环境下运行，一旦把这样的设备连接到网络，就会面临想象不到的安全风险，因此需要从设计阶段就着手推进安全性设计。边缘计算客户端越智能，越容易受到恶意软件感染和安全漏洞攻击，同时边缘节点具有工控网络协议的安全隐患，网络拓扑中位置更低，拥有更小的网络时延，反应性更强。相比较云平台的构成单位——数据中心，边缘节点数量庞大、地域分布广泛。由于计算资源有限，现有数据安全保护方法并不能完全适用于边缘计算架构，如账号密码等敏感资料安全存储、微服务安全通信，都需要寻求新的解决思路。

边缘侧是融合网络、计算、存储、应用核心能力的开放平台，就近提供边缘智能服务，可以满足敏捷连接、实时业务、数据优化、应用智能、安全与隐私保护等多方面的关键需求。边缘计算的分布式架构增加了攻击向量的维度，服务访问的安全控制要求更高。该平台需要对感知层上传的以及从其他异构网络接收的数据进行处理（异构网络数据处理本身就是个难题），将处理后的数据进行加密和认证，并将已加密和认证的数据上传至上一层。边缘计算节点和采集点的设备烦杂，主要是各种制式的无线传输设备，且体积小、功耗低、效率高，由于上述原因，这一层的密码算法，包括认证算法、加密算法、Hash算法、随机数生成算法等应采用既能保证足够强度，又具有轻量级特点的密码算法。同时，这一层设备的嵌入式系统设计和实现具有相当大的难度。

2. 多方数据资源共享交换的安全保障新视角

重视工业互联网全产业链数据资源的私有性和安全保障，发挥工业数据流动的市场价值，就要保护数据主体权利不受损害。产业链的数据整合要设计生态体系的价值互利机制，针对跨行业跨领域综合型平台、面向重点行业和区域的特色型平台及面向特定技术领域的专业型平台，在开展大数据、人工智能的深度应用同时，应完善监管体系，明确数字版权新兴领域等方面规则，考虑通过市场价值分享来避免数据权属争议。处理信息的目的应当合法、具体、明确，以约定的目标、范围和方式使用数据，在推动"挖掘机指数""空压机指数"等新型经济运行指标创新的前提下，考虑在不影响数据主体所有权的情况下交易数据的使用权。

工业互联网建设中一般不涉及敏感或秘密领域的工业数据。但当关联数据增加或数据量发生变化时，这些数据将会变得敏感，就需要进行信息安全保护。如矿产资源类的工业互联网应用，其传感器网络提取到的地质、开采量、污染等方面的数据由少量变为海量、静态变为动态、离散变为连续、孤立变为关联、模糊变为精确、局部变为全局时，数据的密级则发生重大变化，数据已经具有很高的分析、综合和预测价值，变成一种重要的资产，至少是商业秘密，部分数据会成为国家重要秘密和战略资源。

3. 工业互联网平台建设的顶层安全机制新要求

传统信息系统的数据中心架构目前正逐步向云计算方向迁移，其信息安全保护措施（如安装网络防火墙、入侵检测、统一安全网关、VPN、网络审计、服务器加固和防病毒、操作系统加固、终端审计和防病毒等）均有一定的技术经验积累，相关管理水平相对成熟，但在物联网、5G技术、大数据基础上的工业互联网安全建设内容又进一步延伸，主管部门需要未雨绸缪，尽早系统化建立安全技术防护标准体系，完善工业互联网的安全生产感知、监测、预警、处置及评估体系，建设汇聚安全漏洞、恶意代码、勒索病毒等信息的国家工业互联网安全漏洞库、工具集，开展可编程逻辑控制器（Programmable Logic Controller，PLC）、远程终端单元（Remote Terminal Unit，RTU）等重要工控设备、工业互联网平台、工业App动态安全检测评估工作，完善涵盖工业协议、设备指纹、IP/域名、标识解析系统的基础资源库，为推进工业互联网深入开展打好基础。

4.2.4　新基建技术与工业互联网的融合

1. 云计算与工业互联网

云计算通过网络将硬件、软件、平台等系列资源统一起来，实现数据的计算、存储、处理、共享，是新型 IT 基础设施的交付和使用模式。企业上云使得企业可以通过网络便捷地获取所需的计算资源、存储资源、应用软件、服务及网络等，满足自身按需所取、无限扩展的资源获取方式和灵活方便的运营管理模式，有利于企业提高资源配置效率、降低信息化建设和维护成本。工业互联网旨在形成信息技术与工业体系的大融合，因此工业互联网的部署对企业信息化基础提出了一定的要求。然而现阶段我国工业企业信息化基础参差不齐，大部分中小企业信息化水平严重不足，加之企业利润率较低，缺乏足够的资金推动自身信息化、数字化基础设施建设，应用企业云成为突破这一困境的最优解决方案。

任何工业互联网平台的运行都需要云计算为底层基础设施提供支撑，这给云计算厂商在发展工业互联网业务时带来了得天独厚的优势。云计算厂商充分利用自身传统资源优势，在过硬的 IaaS 层能力上打造自身工业互联网平台的 PaaS 层，通过完善和提升 PaaS 层能力为与第三方应用开发厂商的合作奠定基础，并吸引更多的独立开发者基于平台能力进行应用开发，以期望能够为平台源源不断地汇聚 SaaS 层能力，进而形成自身成熟的工业互联网生态。

2. 5G 与工业互联网

工业互联网是第四次工业革命的关键支撑，5G 是新一代信息通信技术演进升级的重要方向，二者都是实现经济社会数字化转型的重要驱动力量。在国际电信联盟无线电通信组（International Tecommunication Union-Radiocommunica，ITU-R）定义的 5G 的三大应用场景中，超高可靠、低时延通信（uRLLC）达到了工业控制对网络时延和可靠性的极高要求，海量机器类通信（mMTC）满足了在工业互联背景下对海量设备的数据采集需求，增强移动宽带（eMBB）则可支撑如工业环境中超高清视频的应用。工业上有 eMBB、uRLLC、mMTC 等多种业务并发的场景，同时部分工业应用需要数据在靠近现场的近端进行处理。另外，出于机密数据的敏感性考虑，企业不希望数据进入公网，因此需要针对性地设计网络架构以确保多样化场景下网络性能得到保障，切片网络架构和边缘计算网络架构应运而生。5G 技术的出现和演进显著地增强了工业互联网的服务供给能力，为工业互联网快速发展提供坚实的技术保障。

3. 大数据与工业互联网

工业大数据指在工业领域中，围绕智能制造模式，在数据采集、分析处理、服务应用等各类工业制造环节所产生的数据，同时包括工业大数据相关技术和应用。在工业互联网平台功能架构中，工业大数据系统是工业互联网实现全要素互联之后的核心价值创造者，借助工业大数据技术，可以对于海量数据进行高质量存储与管理，进而支撑应用层各种分析应用的实现。工业大数据与工业互联网的其他能力基础之间是相辅相成的，5G 网络能够有效满足数据传输实时性与稳定性的要求，借助边缘计算、AI 分析等技术深化数据分析能力，是工业大数据和工业互联网应用实现的重要技术基础；云计算技术则是支撑广泛、分散、大量的工业大数据采集、聚合、处理、分析的关键技术。目前我国工业大数据市场仍处于起步阶段，在国家政策的推动下，随着云计算、5G、AI 等技术的不断成熟，工业大数据市场将很快进入快速增长阶段，这也为工业互联网带来更多的增量需求。

4. 人工智能与工业互联网

人工智能的加入使工业企业在数字化、网络化的基础上实现真正的智能化。工业互联网为工业企业提供通用的算力（工业云计算和边缘计算）、算据（工业大数据）及算法（工业人工智能），其中大数据作为人工智能技术发挥作用的必要燃料，其背后价值的挖掘深度决定了工业互联网价值呈现的路径是从网络化、数字化转而最终实现智能化，这也正是工业企业实现降本增效、升级优化的必经之路。以深度学习和知识图谱为代表的人工智能技术从根本上提高了系统建模和处理复杂性、不确定性、常识性等问题的能力，显著提升了工业大数据分析能力与效率，为解决工业各领域诊断、预测与优化问题提供了有力支撑，进一步扩大了工业互联网平台可解决工业问题边界的深度和广度。人工智能驱动的工业数据智能分析支撑工业互联网实现数据价值深挖掘，强化了工业企业的数据洞察能力，成为打通智能制造"最后一公里"的关键环节。工业智能在典型细分行业的应用概况如图 4.6 所示。

4.2.5　工业软件

工业软件作为工业与信息产业的结合体，是智能制造高质量发展的重要基础和核心支撑。工业软件的创新、研发、应用和普及已成为衡量一个国家制造业综合实力的重要标志之一。伴随着工业技术的发展，工业软件历经了 3 个重要的发展历程，如图 4.7 所示。尤其随着新一代信息技术的不断涌现和发展，工业软件正从本地部署的复杂系统软件向云化、轻量化应用软件转变，基于工业互联网平台与工业数据、工业知识、工业场景深度融合，催生了工业互联网下新形态工业体系中的新形态工业软件——工业 App。工业互联网平台通过"低代码+云开发+开源+开发者社区"的方式，吸引大量专业技术服务商和第三方开发者基于平台进行工业 App 创新。以往需要大投入、长周期的软件研发方式正在向低成本、低门槛的平台应用创新生态方式转变，这不但使研发周期大大缩短，而且能够灵活地满足工业用户个性化定制需求。然而，工业 App 不是对传统工业软件的替代，它不但可以打通企业现有的各种异构工业软件之间的数据和逻辑关系，实现工业软件的集成和互联互通，还可以通过其承载的工业技术知识驱动传统工业软件更高效地执行。操作简便的特点以及对工业软件或产线设备所产生数据的深度挖掘和加工能力正使得工业 App 成为促进工业企业数字化、智能化发展的关键环节。

图 4.6　工业智能在典型细分行业的应用概况

行业	行业业务痛点	典型应用模式	应用路径	典型AI技术应用
电力	产业链较短、高价值设备多、流程管控值要求高、安全风险大、产品价值大、能耗高、安全与环保政策压力大等	设备系统状态监测与预警、智能诊断、新能源消纳、智能存储、负荷预测、需求管理与预测	应用场景集中在生产环节，由生产环节切入，从基础的描述、向预测、诊断走扩展至全流程的高效管控，实现全流程深化智能应用	机器人巡检、智能监控、AI图像识别、基于知识图谱的排放管理、自动识别智能控制、基于深度学习的设备运维优化的智能辅助决策等
钢铁		安全监控、能耗管理、排放控制、作业流程与工艺优化、设备监测、物流管理		
航空	缺乏系统性和智能化的设计工具、零部件数量级大、工艺问题、工序分结构复杂、调度复杂、装配环节难度及复杂度高、产品运维难度大等	分析设计提升、材料分析、排程管理、工艺调优、服务运营改善	应用场景分布较广，应用场景相对丰富，未来发展路径：一是从设计和生产环节切入，整体与配套服务结合，同时向诊断、预测走向生产服务化；二是从不同主体走向生产服务化：围绕各自业务拓展工业智能在服务环节的应用深度走向服务洞察	基于机器学习深度学习的材料分析优化、仿真设计、基于计算机视觉的质量检测等
船舶		生产优化、智能资源管理、供应链协同、预测性维护		
电子信息	个性化需求强烈、市场需求变化快、产品更新迭代快、产品同质化问题严重、后市场增值服务需求显现、流水线工人招工难且成本攀升	制造流程与方式优化、设备健康管理、产品质量检测	应用场景广，在多个环节或点状应用，未来发展路径：一是基于价值的分析和诊断，从设计和生产环节切入，整体从分析、诊断、预测走向价值创造；主要围绕产品价值聚焦设计和质量检测过程；二是围绕新领域如增值服务，从业务创新切入，探索未来服务新模式	基于计算机视觉的图像检测、工序检验、基于知识图谱追溯、基于深度度学习和知识图谱的设计仿真、预测性维护、用户需求分析等
汽车		设计仿真、质量检测、工序检验、规模化定制生产、产品设计、服务化延伸		
家电		规模化按需定制、柔性生产、产品设计、定价与组合优化、服务化延伸		

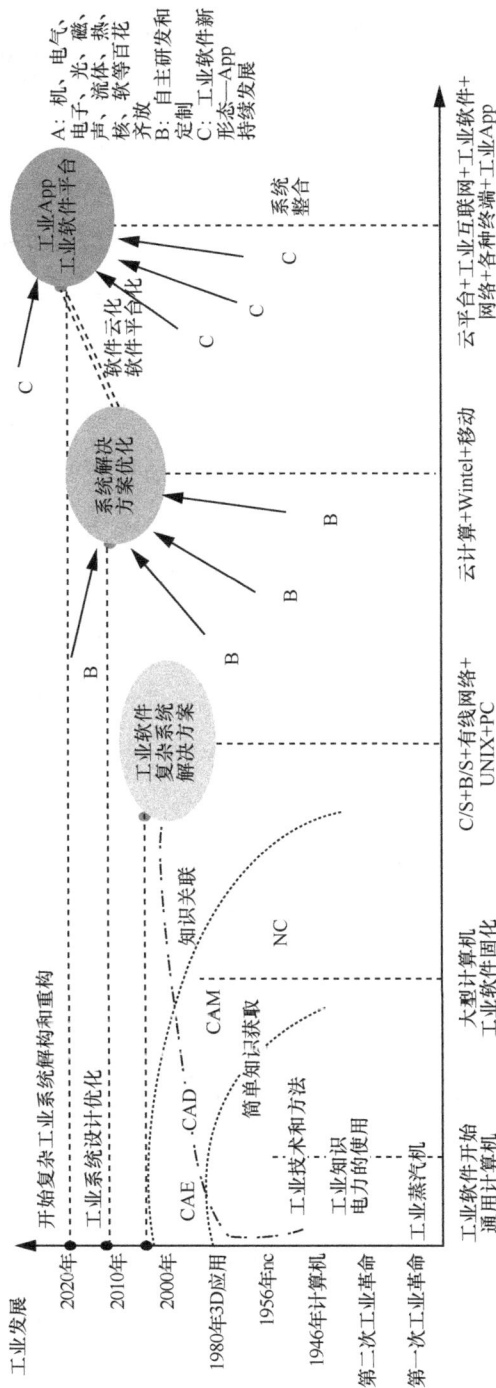

图 4.7 工业软件发展历程

工业软件和应用是工业互联网发挥效能的最为直接和重要的抓手，工业软件的发展离不开最重要也是最核心的汇集了工业生产过程中关键技术、流程、知识、工艺的工业知识数据库的支持。传统工业软件厂商经过几十年的产品开发和企业服务，在工业数据与知识、开发经验及客户资源等方面拥有了深厚的积累。在发展自身工业互联网业务时，软件厂商基于原有产品和知识经验的沉淀，打造平台级的 SaaS 产品，并将更多精力聚焦于平台与生态体系的搭建与培养。产品和服务的核心在于"平台化"属性，工业互联网软件服务厂商逐渐形成了一种软件带动平台搭建、平台带动整体解决方案成型的发展路径。通过构建先进的平台生态业务模式，建立完善独立软件开发商（Independent Software Vendors，ISV）服务体系，通过"SaaS+PaaS+ISV 云生态"一体化运营，完成从工具型的云化软件厂商向工业互联网平台型企业的转型。工业软件企业将软件能力转化为平台的 PaaS 及 SaaS，借助 PaaS、SaaS 核心技术提升数据采集及分析能力，从而更深层次挖掘工业数据价值。面对工业互联网带来的工业软件发展契机，国内软件厂商也瞄准了工业 App 这一发展工业软件的新路径，力图缩小与国际一流厂商的巨大差距，进而赢得更多的市场份额。

工业互联网的本质是基于全面互联形成数据驱动智能，而边缘计算在靠近物或数据源头就近提供边缘智能服务，实现在集中式云端计算模式下无法实现的超低时延的数据交互与自动反馈，在实时性和可靠性方面能够满足工业互联网的发展要求。另外，边缘计算可承担数据预处理工作，在云端进行数据的再处理和深入分析，包括共性和常用数据的存储和调用等，从而以云边协同的方式有效支撑工业生产网络化协同、智能化交互等新模式。针对特定行业对数据安全、隐私保护的要求，边缘计算网络架构将核心网下沉到园区或工厂，实现企业业务数据"不出户"，为企业提供更高的安全保障。从商业角度看，边缘计算可以节省传输资源，尤其针对视频类存在大量数据传输需求的应用，能够实现在本地存储和运算数据，既节省了边缘到核心网和 Internet 的传输资源开销和商业成本，又缓解了中心云的计算负载与带宽压力。

4.3　新基建赋能金融业数字化转型

　　金融是经济的核心，为了适应我国数字经济的发展，加速构建双循环新发展格局，我国必定要加速实现金融数字化转型。金融数字化转型是数字化转型在金融领域的应用，旨在通过利用新兴金融科技手段，将金融企业与相关的人、物、组织、主体对象以数据的形式有效连接在一个完善的数字环境中，进而通过高效的信息及智慧交互实现数据决策，提升金融服务水平及效率，最终提升金融企业的价值。

4.3.1　金融数字化转型的发展背景

　　多样化的生活需求促使我国个性化金融服务需求激增，因此迫切需要加快金融数字化转型的进度，改变传统的金融业务服务模式。而通过金融数字化转型，金融机构可以在保障金融安全的前提下，为客户在线上提供快捷、高效、有特色的金融服务，满足客户多元化的投融资需求，并且可以提升金融机构自身的服务水平和盈利能力，从而增强金融市场的竞争活力。《"十四五"规划和2035年目标纲要》提出要构建以国内大循环为主体、国内国际双循环相互促进的新发展格局，这为我国未来经济发展明确了战略目标和前进方向。从发展"内循环"角度来看，我国要加快实现金融数字化转型，为国内实体经济提供更高质量的金融服务，从而加速国内经济的供需循环；从畅通"双循环"角度来看，我国要加快实现金融数字化转型，加强国家之间的数字金融合作，有效提升企业国际间的投融资效率，增强企业的经营能力，从而加速国内外经济双循环的畅通。

　　《"十四五"规划和2035年目标纲要》中明确提出我国要加快数字化发展，建设数字中国，打造数字经济新优势。为了更好地支持我国数字经济的加速发展，金融作为经济的血脉，作为促进经济发展的主要动力源泉，需要加快实现数字化转型的步伐。金融数字化转型主要为数字经济发展中的产业数字化提供投融资服务。例如，通过构建数字化金融基础设施，能够在保障金融安全的前提下为产业数字化赋能，为其提供具有特色的个性化金融服务，提升金融资源的利益效率，从而更好地满足数字经济的发展需求。随着大数据、云计算、区块链、人工智能等技术的蓬勃发展，金融科技也随之加快了发展的脚步，这不仅为我国金融数字化转型提供了有力的技术支撑，还为我国金融创新开辟了前进方向。新兴技术在金融数字化转型中的应用，一方面可以通过信息的精准匹配降低客户投融资成本、提高金融机构服务效率，从而有利于实现金融资源的优化配置；另一方面可以增强金融信息的安全性、提升投融资双方金融信息的对称性，从而打造一个安全健康的数字金融生态系统。

金融数字化转型可以依托数字化新兴技术，构建金融大数据资源库，通过云计算、区块链等技术，精准匹配投融资双方需求，并保障在安全的条件下提供授信审批、资金借贷等一站式金融服务，尤其适用于那些缺乏固定资产等作为抵押贷款的抵押物，导致其在传统金融模式下融资难、融资贵的民营、中小微企业。金融数字化转型不仅可以增强其信用数据的披露及共享，还可以降低融资成本及贷款难度，从而增强其信用水平及融资机会。金融数字化转型在支付领域的创新主要体现在移动支付上。例如，通过手机客户端移动支付 App 不仅可以实现商品消费，还可以享受线上转账、还款、贷款等金融服务。从政府层面而言，金融支付的创新极大降低了纸币、硬币的使用率，可以有效节约印刷及运输纸币的成本。从企业层面而言，金融支付的创新可以提高资金回流效率，增强盈利能力。从居民层面而言，金融支付的创新不但可以增加支付的便捷性，而且可以规避假币风险。金融数字化转型一方面促进金融业务等领域进行创新，另一方面给金融业态带来不确定性及新型风险。因此，金融监管方式也要与时俱进，加速对监管方式进行创新，填补监管空白，有效防范金融风险。而针对金融创新，金融监管机构应利用新兴技术搭建金融数据平台，实现金融数据有效整合共享，并开发金融统计智能分析系统，实时监测金融机构的流动性水平，从而提升金融监管水平，保障金融系统安全平稳运行。

4.3.2　金融数字化转型的发展需求

金融数字化转型是将金融业与数字技术进行深度融合，未改变金融的根本属性，而金融的本质就是为实体经济服务。因此，金融数字化转型应牢牢植根于实体经济，并更好地为实体经济提供金融服务。在配合数字经济发展的前提下，金融业要大力进行数字化转型，加快金融业务创新，为实体经济发展全面赋能，尽快打造一个健康有序的"产业经济+金融服务"数字化生态闭环。在此过程中，金融数字化转型应重点关注中小微企业融资难、融资贵的问题，并通过大数据等技术，有针对性地重点收集和处理相关金融信息，从而有效解决资金供需双方信息不对称的问题。另外，金融数字化转型通过数字化技术，一方面可以实现企业线上自动化信贷审批、放款等贷款流程批量化处理，降低企业融资成本，增强金融机构服务能力；另一方面可以引导资金精准地流向创新、绿色等符合国家新发展理念的重点产业，或者流向三农、中小微企业等薄弱环节，提升信贷融资的智能化水平，进而实现金融资源的优化配置。

金融数字化转型急需金融安全保障。新兴技术的发展加快了我国金融数字化转型的步伐，丰富的数据信息有效地解决了投融资双方信息不对称的问题。然而，在缺少现行相关法律法规约束的情况下，科技企业采集到的金融数据没有取得明确的控制权和处理权，其中可能潜藏着泄露及买卖个人、企业等金融信息的风险隐患。因此，为了金融创新能够持续有效地推进，我国急需出台适应金融创新的法律法规，从而在保障金融安全稳健运行的前提下，加快金融数字化转型的步伐。

同时，金融数字化转型会给消费者权益保护带来一定的挑战。一方面，我国消费者权益保护有关规定相对滞后，还停留在金融分业经营的层面，这与金融数字化转型创新可能带来的金融混业经营背道而驰。另一方面，金融消费者权益保护教育力度有待加强。部分低收入、低学历等人群对金融数字化产品存在理解偏差，容易产生排斥心理，这不仅不利于金融数字化产品的全面推广，还不利于全体人民共享金融数字化转型带来的普惠金融成果。金融数字化转型在促进金融创新发展的同时会造成金融监管漏洞及空白。部分金融科技公司缺乏金融资质却经营互联网金融业务，游离于监管范围之外，迫切需要金融监管机构加强数字金融监管力度，及时整顿不合格经营机构。另外，当前的金融监管手段滞后于科技金融业务的创新发展，不能有效识别、评估及防范金融交叉业务的风险隐患，迫切需要通过数字金融监管创新完善金融监管制度，并利用新兴金融技术手段进行穿透式监管。

稳健推进金融数字化转型。在推进金融数字化转型的过程中，既要保障金融基础设施建设的持续高效数字化转型，也要为新基建提供强有力的金融支持，从而推进我国新基建的全面布局，而这又反过来保障了金融数字化转型的平稳、全面推进，二者相辅相成。在构建金融基础设施方面，应积极搭建具有先进设施、广聚信息的金融数据中心，从而提升金融服务效率，并且可以有效防范金融风险隐患，为金融服务提供坚实的数字基础。在构建数字新基建方面，政府层面可以通过建设数字化转型，推动新基建在政府公共平台的落地及应用，有效提升政府办公效率；企业层面可以借助政策引导及大型国企的带动作用，积极参与数字新基建的建设，进而增强企业盈利能力。与此同时，金融监管机构可以通过完善数字新基建，实现金融行业与民生的有机结合，从而促进金融乃至整个经济系统的健康稳定运转。在支持产业发展方面，凭借股票债券、"融智+融资"、供应链金融等创新型资本市场直接融资工具，提供信贷融资新模式，延展为新基建服务的业务链条，从而引导更多的社会资金流向新基建业务领域。

4.3.3　金融与新基建的结合

打造"金融+税务+网商+新基建"的大数据服务平台。我国中小微企业总量规模大，截至 2020 年年底，全国存续在营的中小企业数量突破 4200 万家。但由于中小微企业过度拥挤竞争、覆盖地域广、盈利能力差、议价能力差、创新度不高、管理不规范，信息收集难、融资难等问题，平均寿命较短。因此迫切需要构建集互联网、物联网、税收、金融、新型基础设施为一体的大数据服务平台。平台应强化企业信用评价体系和信用数据库建设，把购销双方的信用状况综合量化评分，把平台内企业的购销状况、档案年限、认证状态、客户评价、商业纠纷、投诉状况、营收状况、产销路径等纳入信用平台指数统计系统，做到"无准入门槛、不注重评级和客户授信"，从而简化流程和降低管控风险，使中小企业融资简便快捷。在依法合规、企业授权的前提下，用数据和模型进行定量分析，为中小微企业提供采购、生产、销售等环节物流路径，使其经营可视化，并为中小微企业提供"一站式"在线融资服务，减少授信和评级环节，大大降低融资成本。

采取线上和线下两种风控模式。线上以大数据服务平台信用资料为依托，与阿里巴巴、腾讯、京东等网商平台合作，进一步验证相关企业和客户信息，并以此作为信用贷款依据。加快新型基础设施建设，深入发展新基建，打通中小微企业的融资和营销通道，使"金融业的资金流、数据库的信息流与工商业的商品流对接"。金融业要进一步拓宽信贷产品的模式和使用路径，疏通金融进入实体经济的通道。设立发展民间组织担保基金，减轻财政资金压力，有效补充政府和银行担保基金的不足。中小微企业也要不断加强自身建设，提升竞争力，壮大自身力量。只有各方合力，通过构建"金融+税务+网商+新基建"的大数据服务平台，编织好新基建这张大网，实施信用担保，为政府解决中小微企业融资难、融资贵的难题提供决策依据，才能开辟实体经济快捷融资的坦途。

从金融监管的角度看，只有在相对完善的金融监管条件下，才能保证金融数字化转型的持续性和安全性。因此，为推动金融数字化转型，需要加强数字金融监管力度。加强数字金融监管工作力度，主要包含以下三方面内容。第一，务必保证金融业务持牌经营。金融监管部门应在相关网站上对开展不同金融业务的合法金融机构进行公示，从而降低金融机构与消费者之间的信息不对称性，降低金融风险隐患。同时针对违规开展金融业务的相关金融机构，可适当增加处罚力度，增加其违规成本。第二，加强对金融科技公司的行为监管。针对此类公司，金融监管机构应该着重围绕算法行为开展工作，通过构建算法行为的监测机制，实时监测金融科技公司的行为是否规范，并做好前瞻性部署，及时防范化解潜在风险隐患。第三，大力发展数字金融监管科技，实现金融监管与数字化技术的有机结合。金融监管机构通过实时采集并整合大量金融风险数据，可以解决金融监管中信息不对称的问题，有效弥补监管空白，减少监管套利行为，从而提升金融监管质量，保障金融系统安全有效运行。

参考文献

[1] 蒋遇龙. 5G、"新基建"热潮下智慧城市建设迎来发展新机遇[J]. 中国安防, 2020(7): 47-54.

[2] 秘浩. 智慧城市安全体系中个人信息安全的风险与防范[J]. 智能建筑与智慧城市, 2021(11): 140-142.

[3] 吕欣, 韩晓露, 郭晓萧, 等. 新型智慧城市网络安全协同防护框架研究[J]. 信息安全研究, 2021, 7(11): 1017-1022.

[4] 上海艾瑞市场咨询有限公司. "新基建"背景下中国工业互联网与工业智能研究报告 2021 年[R]. 上海艾瑞市场咨询有限公司艾瑞咨询系列研究报告, 2021(8): 65.

[5] 吕长文, 齐艾玲. 依托大数据发展新基建提升金融服务实体经济能力[J]. 上海商业, 2021(7): 52-54.

[6] 王韵嘉. 金融数字化转型研究[J]. 投资与创业, 2021, 32(18): 6-8.

[7] 胡洋瑞, 陈兴蜀, 王俊峰, 等. 基于流量行为特征的异常流量检测[J]. 信息网络安全, 2016(11).

[8] 谢娟. 智慧城市公共服务平台安全资源建设研究[J]. 智能建筑与智慧城市, 2021(8): 67-68.

[9] 赵庆安, 戴克平, 唐龙. 城市轨道交通整体网络安全风险分析及应对策略[J]. 铁道通信信号, 2021, 57(3): 84-89.

[10] 宋新远. 基于5G技术的工业互联网平台安全性问题分析[J]. 江苏通信, 2021, 37(4): 117-118.

[11] 崔阳, 尚旭, 金鑫, 等. 云平台安全监管及体系设计[J]. 通信技术, 2021, 54(8): 2003-2012.

第 5 章
建构完整的信息社会治理综合体系

5.1 信息安全监管体系的动态发展

技术是人与人之间深层次关系的体现，信息技术高速发展的同时以技术负载伦理的方式对社会产生广泛而深远的文化层面的影响。信息伦理的研究是指在传统伦理学的基本理论上，针对信息技术在当代社会中产生的安全问题进行的解读和分析，包含信息技术开发应用中的伦理要求、伦理准则、伦理规约，以及在此基础上形成的新型的伦理关系等多方面。

对信息伦理的研究是与信息技术应用导致的社会生活的冲突和失序紧密联系在一起的，这又与技术对人类生活的改变程度密不可分。信息伦理监管内容按研究内容分为 3 个阶段。

5.1.1 第一阶段：针对单纯技术问题的研究

计算机的出现极大地改进了人们认识、改造自然和社会的手段，也深刻地改变了人与人之间的交往关系。早期的信息伦理研究仅限于计算机本身，其研究范围十分有限，理论研究深度不够。从美国计算机协会早期制定的一些职业道德行为规范中就可以看出这一局限。该协会规定：人们不应用计算机去伤害别人；不应干扰别人的计算机工作；不应窥探别人的文件；不应用计算机进行偷窃；不应用计算机做伪证；不应使用或复制没有付费的软件；不应未经许可使用别人的计算机资源；不应盗用别人的计算机成果；应该考虑所编程序的社会后果；应该慎重使用计算机等。分析这些"规范"发现，这些对使用计算机的初浅道德要求，缺乏全面深入的伦理学理论思考。

5.1.2 第二阶段：网络空间安全的研究

互联网时代带来了人际交往关系和信息传播方式的全方位变革。相对于现实生活而言，网络空间将人置于"虚拟空间"或"虚拟共同体"之中，给人提供了包括信息、知识、情感等在内的另一种虚拟生存环境。正如传播学大师麦克卢汉所言："无处是边缘，处处是中心。"网络使每个人都可以成为中心，人的主体性得到了充分的张扬，但同时道德他律变得十分松驰，道德自律水平也大幅度降低。人际交往由直接的现实交流转变成间接的人机交流，网络空间使身份认同问题变得复杂起来。传统伦理学已无法容纳和概括在网络中发生的直接和间接的道德关系，需要建立新的网络伦理秩序。

5.1.3 第三阶段：信息社会伦理的整体研究

研究的范围已不再仅限于计算机、互联网等信息技术所产生的伦理问题，而是越来越多地关注整个信息社会的伦理问题。更偏重于对科学、技术、经济和社会知识等背景下探讨对信息技术带来的信息社会伦理问题做整体的研究和探讨，包括信息领域的道德价值观的发展，信息领域新的道德权利的建立，以及如信息开发、信息传播、信息管理和应用等方面的伦理准则和规范，涉及信息犯罪、信息滥用、个人隐私、知识产权保护、信息传播及国家信息安全等方面的问题。这一阶段的伦理研究涉及信息学、计算机科学、哲学、社会学、传播学和伦理学等学科，它们相互交叉融合。

在全新的生存环境中，各种异质的价值观念、生活方式通过多种信息传播渠道相互交汇、碰撞和融合，信息领域的伦理问题是需要结合信息技术发展形势和信息社会的交往及伦理关系时刻被关注的研究方向。

5.2　信息安全治理模式演变

5.2.1　信息安全治理的启蒙：突出技术与伦理的规范价值

治理启蒙于信息技术的初始阶段，此时大规模的市场应用尚未形成。信息技术没有对社会产生根本性的影响，治理体系也处于萌芽状态。治理内容多为对原生技术问题的处理和随着社会对信息认识的加深逐步形成的伦理规制框架。

技术是治理最根本性的能力保障，在这个阶段技术治理的问题主要集中于技术的安全性和可用性，如算法的公平、算力的可控、数据的安全等。算法在不断发展中仍存在诸多缺陷，如鲁棒性、迁移性、自适应性、可解释性等，这些问题在一定程度上制约了人工智能的广泛应用；技术的蓬勃发展带来了社会对算力需求的指数级增长，但与算力在近些年的提升趋缓形成了一定矛盾；在数据方面，大数据的资产属性区别于传统的物理资产的属性，尤其是人工智能对数据的系统架构和安全能力、防控水平都提出了新的要求。与此同时，信息技术的伦理框架作为道德守则在逐步形成。伦理规范既约定俗成又有理性建构，伦理规范本身是软措施，并不以国家强制力作为后盾，但构成了信息技术启蒙时代的道德基础。

在这个阶段，技术没有与应用场景充分结合，相关技术应用的安全风险不明确或处于未知的、有待防范和控制的状态，政策和法律治理手段无法明确发挥效用。

5.2.2　信息安全治理的加速：强调法律、政策对应用场景的监管

治理的加速伴随着技术的飞速发展，新基建成熟应用场景正在逐渐成为监管的主要对象，促进与监管并行成为主要基调。信息技术已经作为重要的技术手段与各个行业进行了深度的耦合，该阶段的治理除了包含启蒙阶段对技术的治理，大部分是对信息技术与各行业结合的场景进行治理。当前新基建信息技术的发展正处于该阶段。

在这个阶段，国家政府在治理中发挥着领导性的作用，这一点体现在国家层面上统领技术研发与治理框架的搭建、专业机构的设立，以及政策与法律的制定等各方面。在新基建信息技术的应用前景相对较为明确和成熟的领域，以法律和政策为保障的风险防控体系开始发挥效用。在自动驾驶、无人机和医疗看护机器人等应用场景，各国在不同程度上开始进行适当的监管或为可能的监管进行着准备，纷纷出台了各类规范性政策或法规。如美国发布的软法性规范《自动驾驶系统2.0：安全愿景》《智能投顾指南》；英国2018年发布的《自动与电动汽车法》；中国发布的《智能网联汽车道路测试管理规范》《人工智能辅助诊断技术管理规范（试行）》等。

在大部分综合领域，信息技术仍处于高速迭代时期。法律治理的强制性、稳定性和滞后性的特征使得各国政府积极支持和鼓励"伦理指南"等软法性、自治性规范的研究和制定，以期在不限制发展的前提下对技术社会影响进行规范。

5.2.3　信息安全治理的稳定：形成稳定的新基建社会规范体系

新基建信息技术的成熟阶段是以技术应用成熟为基础和前提的，可以理解为专用新基建信息技术发展进入社会稳定期且长期处于稳定状态或通用人工智能已经

实现并达到成熟阶段。在整个社会关系中，信息技术已成为通用技术，并且内容丰富、种类多样、状态稳定的相关社会规范体系形成，安全风险具体、明确、可控。

经过社会各种价值的冲突、调整、平衡和沉淀，新基建信息技术相关的价值要素已经脱离整体抽象和概念化表达的状态，作为权利和义务有机融入法律规范和社会制度之中，能够对在政治、经济、军事、社会管理等生产生活领域所产生的社会效应进行梳理评估，包括社会行为、关系结构的变化和具体场景类别以及相关的安全风险问题评估。

在法律治理意义上，相对于传统社会现象和行为的法律规制经验来说，发展成熟的新基建信息技术应用场景应与不同领域的法律关系及不同层级的法律规范上有更加紧密关联和深层的涉及，在现实运行的规范体系中能够充分体现自己的存在。也就是说，相关事物所产生的社会行为关系能够以相关的部门法律进行界定，从而对其进行有效规制，并通过法律的运行和适用进行调整。

但是，这种处于稳定状态的新兴信息技术的社会权利义务的内容和行为模式尚未成为现实，还需要随着技术的发展进一步深入研究。在这个阶段要做到持续跟踪技术和产业发展态势，及时评估新基建信息技术的应用影响，进行动态策略分析。侧重于以保障安全和防范风险的伦理和政策进行及时监管，但保留足够的灵活性，获得安全和发展的平衡，对于发育成熟的相关社会行为和关系及时进行法律规范化和制度化。

5.3　构建治理模式多元的新基建弹性治理框架

5.3.1　治理体系逻辑框架

新基建信息技术的治理主体（国家政府、国际组织、行业组织、企业和公众）通过治理手段对治理的客体（如智能技术、信息技术产品、信息技术服务等）进行规制。在一定时间和空间范围内，条件的变化会导致治理模式的变化，这些变化的治理模式便形成了一定时间和范围内的治理和规制的道路。

新基建信息技术安全治理的框架就是将信息技术治理和规制的基本要素、条件、方式和方法的结构性构成描述为包括自变量、函数值和运算规则的函数运算模型。在整个治理和规则建设过程中，所要考量的安全保障、风险防范、权益实现、发展进步等价值，所涉社会主体的群体性或个体性，所涉现实客体价值的抽象或者具体状态，相关法律秩序有序变迁的保障性因素等，构成了治理和规制工作需要重点对待的现实变量因素。这些因素既包括不同阶段人工智能作为客观客体所展现出来的价值目标和问题因素（即这个函数运算模型的自变量），又包括技术研发和应用状态下所形成的社会治理的条件和因素，还包括技术治理在不同情况下所选用实施的具体规制和治理的方式方法（即这个运算模型的函数值）。基于此，新基建信息技术的社会治理就是在不同的发展阶段，在解决不同问题的运算法则确定的情况下，这些变量因素的现实动态博弈过程和结果。

在社会价值基础的大前提下，新基建信息技术的治理手段是非常多元化的，包括伦理原则、政策导向、法律规制、技术治理手段。其所运用的运算法则，就是立法、司法、法律适用、伦理道德和政策等不同的规制方法和规制方案在规制治理方面所具有的独特的功能特点，与相关现实问题解决和价值目标实现之间合理匹配的关联关系。新基建信息技术治理体系逻辑结构如图 5.1 所示，其中，多种治理手段以松耦合的形式匹配关联，治理模式呈现多元性，且随着社会和技术的发展动态变化。

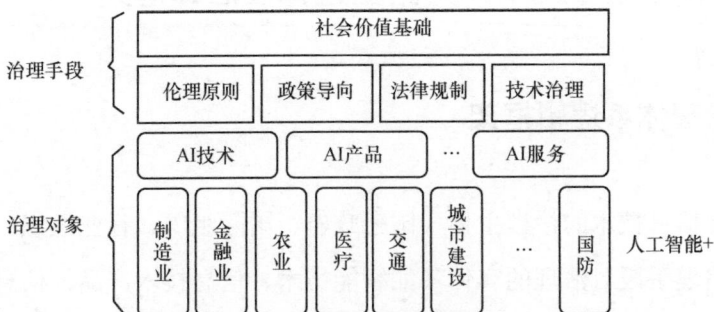

图 5.1 新基建信息技术治理体系逻辑结构

5.3.2　治理模式构成要素的认识与选择

1. 安全与应用发展之间的平衡

信息技术应用价值涉及安全、应用发展两个方面，这种安全问题不只是人类社会、国家等层次的安全与风险问题，还涉及社会关系中个体的权益安全保障和权益风险规避问题，而后者目前常常是不被重点强调的。另外，这种权益安全保障及风险规避问题不仅涉及已形成的信息技术和产品应用方面的权益安全和风险的问题，也涉及尚未应用的技术和产业的发展进步问题。应用发展也是一种主体权益价值，就信息技术而言，无论相对于整体人类社会还是社会行为个体，相关技术的开发和发展都有着或相对抽象模糊或相对具体明确的客体价值。

安全与应用发展在信息技术发展和应用的不同阶段呈现的状态是不同的，在不同的条件下，二者之间的博弈状况也不一样，由此形成不同的信息技术治理的道路和方法。在发展之初，对于具有巨大社会效应和影响力的技术，安全和应用发展的要求表现极为突出。作为一项具有极大应用价值和诱惑力的新技术成果，人类对其促进发展的要求显然是极为强烈的，但是，在既有的人类秩序规则框架中找不到其相应的位置而秩序价值又是必须考量的前提下，这种新技术成果的安全要求保障必须同样受到重视。

初始阶段对于事物本身及其关联行为缺乏清晰、准确和规律性的认识和稳定控制的能力，安全和发展相互间的矛盾关系张力显然是最为强烈的。这时通常会出现这种现象，即促进发展就面临着风险，过多考虑安全因素就会抑制发展的进步。往往相关的规制工作和新立规范很难精细地实现这种平衡，而在旧的规范和秩序缺乏对信息技术进行界定和规制的情况下，作为新事物，这种规制工作和新立规范的发展、促进及其安全保障和权益保护都需要在规范和制度上做出特殊的安排以实现单方面的价值追求。这往往体现为一种规范在促进发展，而另一种规范则在保障安全，在信息技术成果应用之初，如何平衡好二者的关系，减小张力，实现二者兼顾，同时保障社会秩序的有序变迁是规制工作最为重要的考量因素。

而随着信息技术及其产品成果的发展日益成熟、丰富和稳定，人们对其和相关行为的认识也更加理性、全面、稳固，伴随法律对相关的现象进行了更加全面、丰富、系统的规制和界定，信息技术也像其他技术成果一样，其发展和安全的问题不再突兀，而是更加常态化、平常化地在已经完善和发展的社会规制秩序中获得平衡和运行。

2. 立法和法律适用上的平衡

立法和法律适用上矛盾与平衡关系的处理是指，在法律运行体系内部及整个体系的发展变化中，如何通过法律方式的使用和发展来调整信息技术应用中的各项权益价值，并在解决信息技术应用行为和社会关系相关问题的同时，实现法律秩序自身的有序变迁，以实现法律对社会秩序的保障。这里所说的法律方式的使用和发展，就是指在信息领域的法律治理层面上，通过运用立法、司法、执法等法律适用手段并处理好它们之间的矛盾关系，从而更好地处理信息技术安全、使用和发展的矛盾。

那么什么是立法和法律适用层面上的矛盾关系？作为处理问题的方式，在具体的行为和社会关系问题的处理上，这就涉及对它们的功能区别及优劣势比较。这种矛盾关系也包含它们之间的协作关联关系，即在解决问题上，如何相互协调之间的关系以实现互补和功能衔接，保障规制的双重价值兼顾实现。

（1）立法

立法涉及法律的修改和完善等活动，其发生的必要条件是，在既有的法律规范视野中，信息技术相关行为在属性上成为一种全新行为，形成了全新的社会关系，已有的法律规范和制度无法对其进行有效调整，新立规范对其进行调整变得十分必要。而立法发生的充分条件是，信息技术中的人工智能行为、全新的法律关系的主体、客体及权利义务的内容、责任分配等，已经在社会应用领域和场景中处于相对具体和明确的状态，而且，在实际社会行为和法律关系上，表现出数量的普遍性、内容的丰富性及权益受影响程度上的深层次性。也就是说，只有在信息技术应用行为具有普遍的社会权益影响效应时才能进行相关的立法，在一定程度上，法律关系的丰富性和行为的普遍程度决定是否立法、立多少法及是否能够形成充分完整的信息技术治理的法律体系。

立法方式对于信息技术规制而言，在功能上有着自身的特点和现实效果上的优劣势。从积极的方面来看，相对于司法等法律适用行为，立法是一种主动性较强、具有普遍性、强制性较强的法律规制活动，立法规制的优势是法律规范会有效地指引、评价、预测社会行为后果，使社会关系相对稳定和有序。从消极的方面来看，相对于新生行为和社会关系的调整，立法规制通常是相对滞后的，反应不灵活和效率相对低，另外，法律规范运行的后果会使社会关系相对固化，社会行为的创新能力和创新效力相对弱化，不利于事物积极快速发展。因此，立法的充分和必要的两个条件决定的是能不能和要不要立法，即立法的条件和时机的逻辑问题；立法规制的优势和劣势，着眼和强调的是立法的应用和选择的经验性问题。

（2）法律适用

法律适用，就是利用已定的法律规则对社会行为进行规范或对社会关系进行调整的法律活动。从最广泛的意义上来说，法律适用包括立法以外一切法律实施活动，具体包括司法、行政执法、社会守法等。在整个法律运行体系上，立法、司法、执法和守法都具有相对的独立性，各自对行为和社会关系都具有独特的规制效应。司法机关的裁决影响的不只是具体案件当事人的未来行为，同样会对一般社会主体起到示范作用。可以说，在一定的逻辑起点上，法律规制起源于立法，但实际的规制效应不只在于立法本身，更在于其他法律适用及整个法律系统的体系化运营。因此，法律规制效果的实现要做好全方位法律运行体系的工作，法律适用也是规制工作的重要组成部分，具有直接、独立的治理与规制效应。

法律适用的规制特点在于通过对既有规范的"变通"适用来对信息技术行

为等新生行为和关系进行调整。适用的方式除了通常的司法裁决和行政机关执法，面对信息技术新行为和新关系，在合理范围内，通常会通过运用司法解释和执法文件等对规则进行应用以达到治理的效果。虽然，现实中的司法解释和执法文件对于既有规范有扩大解释和创设规范的"嫌疑"，但是，从严格的逻辑、意义和社会权力分工角度来讲，这些行为还是没有超出既有规范，因为法律适用的规制效应受制于其自身的一些根本属性和特点的约束，即司法、执法等法律适用针对的行为不具有普遍性、稳定性和立法意义的权威性。另外，司法行为和执法行为的规制效应的产生相对于立法的主动性来说是被动性的，因此，法律适用规制效应的影响力与立法规制效应相比较，无论是在广度和深度上都是有限的。

当然，辨证地来看，这些局限性在一定的条件下也是法律适用对信息技术行为规制的优势所在，相对于立法行为的滞后性、不灵活性及效率低的特点，法律适用活动对具体问题的应对和解决具有及时性、灵活性和高效的特点，对于发挥法律的效能和维护法律的权威及法律的治理的有序状态具有重要价值。尤其是在立法规制机会尚不成熟的情况下，法律适用的治理价值具有不可替代的作用。法律适用往往能够保障既有的法律制度在解决相关问题上具有有效性，使相关问题得到有效的解决，同时能够不因自身的局限性而抑制新生事物的发展、发挥和价值实现，促进相关产业的发展，这往往是法律治理体系内部体系有序变迁的重要的价值考量，否则不但会使秩序失序，而且会影响技术和产业的发展。

3. 法律、政策及伦理规范的平衡

作为全新的事物，在社会关系运行中，信息技术会渗透到整个社会规则体系。在这个体系中，除了法律还有伦理规范和各种政策。与在法律领域发生的碰撞和关联相似，信息技术对既有的伦理价值、伦理规范和政策体系提出了问题，同时产生了伦理规范和政策对其进行调整的现实需要。因此，在信息伦理治理上，有必要做好法律、伦理和政策的运行关系上的协调处理，以此弥补各

种规范在问题解决上的能力不足，实现各种规范和规则之间的协调互补，在更大范围的社会规则空间中解决秩序和发展上的矛盾问题。根据当前新基建信息技术应用较为广泛和发展较为发达的国家的治理状况和经验，当相关社会关系和具体问题相对于法律手段和方式尚未发育成熟时，应先通过政策和社会伦理规范进行信息技术问题的社会治理。

伦理规范是处理关于人与人、人与自然及人与社会之间关系的行为规范和准则，也是社会治理体系的重要组成部分。通常认为，社会伦理规范不像法律规范一样具有明确的关系主体、客体及权利义务内容，以及明确肯定的违规责任承担的问题，也不像法律那样具有丰富科学的规范体系，并运用一个专业精致的庞大社会职业群体和机构对其运行和实施。

由此，在社会行为和关系的规制上，伦理规范与法律规范相比有以下几个特点。一是在行为评价方面标准比较宽泛、相对模糊，如通常用是与非、好与坏、善与恶、正义与否等标准对社会行为做出评价，对一般社会行为的评价标准相对单一，更多强调的是在道义上应当做什么和不应当做什么。二是在大众社会生活中，伦理规范的运行方式主要是在社会评价的基础上，通过社会主体自律和社会舆论影响等，伦理规范通常缺乏强有力的运行组织机构执行规范，因此相关规范对行为的约束力比较弱，不具有强制性。三是基于以上因素，伦理规范对于社会行为的规制具有很大的弹性和相对不确定性，对具体社会行为的规制往往会形成很大讨论空间。在具体行业中，伦理规范具有较强的行业性特征，相关行业对于本群体的特殊性伦理要求比较突出，伦理规范相对具体、明确和严格，也会有明确具体的有效的组织机构执行职业伦理规范以实现规范效用。

新技术在发展之初，在伦理价值和规范层面显现出来的问题尤为突出，在日常生活中，其社会属性、价值、相关行为和社会关系的特定性质尚处于有待发展和待界定的阶段，因此它们往往需要更大弹性的规范和制度以成就更大的发展空间。社会伦理规范的这些特点也使其对于技术行为和关系的规范调整在不同的时空条件下形成了独特的优势。在相关的法律问题和解决方式尚未成熟时，伦理规范的这些属性和特点可以充分显现出伦理规范在规制和治理上的优势和积极效应，由此既能够对人工智能的消极效应的研发方向进行约束，又不会抑制信息技术在大众社会生产生活空间中的长远发展和未来积极社会效应的普遍性发挥。

当然，即便在信息领域的法律治理发展到非常成熟和完备的阶段，社会伦理规范对相关领域的治理作用也是不可或缺的，比如，伦理规范的评价作用虽然相对模糊、弹性空间比较大，但是这种概括性的效果不是通过具体性的法律规范效应可以穷尽的；伦理规范的自律功能和效果也是法律规范的约束功能无法替代的，这些都体现了伦理规范在社会治理中有着独立于法律之外的优势。另外，在对社会行为和关系的现实调整中，伦理与法律规范除了相互弥补的积极关系，也存在评价标准和正当性界定等冲突问题，因此，法律规制与伦理规制的相互关系问题在信息技术的任何发展阶段上都是存在的。

参考文献

[1] LE Q, MIKOLOV T. Distributed representations of sentences and documents[C]// Proceedings of International Conference on Machine Learning. 2014: 1188-1196.

[2] XU L, WEI X, CAO J, et al. Embedding of embedding (eoe) joint embedding for coupled heterogeneous networks[C]//Proceedings of the 10th ACM International Conference on Web Search and Data Mining. 2017: 741-749.

[3] BENGIO Y, DUCHARME R, VINCENT P, et al. A neural probabilistic language model[J]. Journal of Machine Learning Research, 2003, 3(6): 1137-1155.

[4] RASMUSSEN EM. Information retrieval: data structures & algorithms[M]. New Jersey: Prentice Hall, 1992.

[5] 来斯惟. 基于神经网络的词和文档语义向量表示方法研究[D]. 北京: 中国科学院大学, 2016.

[6] World Health Organization. Factors regulating the immune response: report of WHO Scientific Group[R]. Geneva: WHO, 1970.

[7] 赛迪智库网络安全形势分析课题组. 2021 年中国网络安全发展形势展望[N]. 中国

计算机报, 2021-08-16(12).

[8]　李晨. 互联网平台企业的社会责任缺失现状及其治理[J]. 质量与市场, 2021(21): 148-150.

[9]　喜英, 唐玉洁. 平台企业数字伦理困境与重塑[J]. 财会月刊, 2022(3): 132-138.

[10]　《学术前沿》编者. 数字经济时代的互联网平台治理[J]. 人民论坛·学术前沿, 2021(21): 14-15.

[11]　梁正. 互联网平台协同治理体系构建——基于全景式治理框架的分析[J]. 人民论坛·学术前沿, 2021(21): 26-36.

[12]　王伟, 杨育斌, 覃晓宁. 云安全技术公共服务平台的发展战略[J]. 电子技术与软件工程, 2018(7): 216-217.